T0098895

PORTRAIT DU POÈTE
EN TANT QUE PHILOSOPHE

BIBLIOTHEQUE D'HISTOIRE DE LA PHILOSOPHIE

Fondateur Henri GOUHIER   Directeur Emmanuel CATTIN

Ruedi IMBACH

PORTRAIT DU POÈTE EN TANT QUE PHILOSOPHE

Sur la philosophie de Dante Alighieri

PARIS

LIBRAIRIE PHILOSOPHIQUE J. VRIN

6 place de la Sorbonne, V e

2023

Porträt des Dichters als Philosoph. Eine Betrachtung des philosophischen Denkens von Dante Alighieri,
Basel, Schwabe Verlag, 2020
© 2020 Direktorium der Jakob Burckhardt-Gespräche
auf Castelen, Universität Basel, und Schwabe Verlag,
Schwabe Verlagsgruppe AG, Basel, Schweiz.

« La gracieuse lumière de la raison. Variations et portée
de l'argumentation philosophique chez Dante »,
Revue des études dantesques 1, Classiques Garnier, 2017, p. 27-48.

« Quelques remarques sur Dante et la tradition philosophique »
dans *Regards sur les traditions philosophiques*,
sous la direction de D. Calma et Z. Kaluza,
Leuven, Leuven University Press, 2017, p. 153-176.

« Où est cette justice qui le condamne ?
Notule sur le sort des païens chez Dante et Thomas d'Aquin »,
Revue des sciences religieuses 89, 2015, p. 3-23.

© *Librairie Philosophique J. VRIN*, 2023
Imprimé en France
ISSN 1968-1178
ISBN 978-2-7116-3098-1
www.vrin.fr

AVANT-PROPOS

L'ambition de celui qui peint un portrait est de faire voir un autre. L'objectif principal des pages réunies dans ce volume est de donner la parole à Dante Alighieri afin que ses dires nous interpellent et nous questionnent. Pour cette raison, les citations des textes de Dante sont délibérément nombreuses et le principal effort de l'interprète consiste alors à les mettre en valeur et à les expliquer. Les notes livrant les textes originaux du penseur italien complètent cette intention herméneutique.

Si les études de ce livre aident à mieux comprendre les textes de Dante et invitent surtout à une approche personnelle des questions et des réponses proposées par l'Alighieri elles auront rempli leur rôle. Face à une œuvre novatrice et magistrale comme celle de Dante, aucun interprète ne peut méconnaître la vocation ancillaire de sa tâche herméneutique puisqu'il sait que le sage qui sait écouter sera plus sage : *Audiens sapiens sapientior erit* (Proverbes 1, 5) *.

Corsier-sur-Vevey, printemps 2022

---

* Pour leur aide précieuse dans la lecture du texte de ce livre, je remercie vivement Iñigo Atucha ainsi que Gaël Kervoas. Elsa Costantini a préparé avec grand soin le document pour l'impression et je tiens à la remercier sincèrement pour ce travail impeccable.

ŒUVRES CITÉES EN ABRÉGÉ

DANTE

La Commedia

Inf. : Commedia *Inferno*. Revisione del testo e commento di Giorgio INGLESE, 2ª edizione, Roma, Carocci, 2016.

Purg. : Commedia *Purgatorio*. Revisione del testo e commento di Giorgio INGLESE, Nuova edizione, Roma, Carocci, 2016.

Par. : Commedia *Paradiso*. Revisione del testo e commento di Giorgio INGLESE, Roma, Carocci, 2016.

Traduction : *La Divine Comédie*. Traduction littérale avec notes par Joachim-Joseph BERTHIER. Réédition de la version de 1924, sous la direction de Ruedi IMBACH, Paris, Desclée de Brouwer, 2018.

Parfois il est fait référence à l'édition et au riche commentaire de Anna Maria CHIAVACCI Leonardi, 3 vol., Milano, Mondadori, 1991-1997 ainsi qu'à la traduction de Jacqueline RISSET, Paris, Flammarion, 2010.

Convivio

Conv. : *Convivio* a cura di Gianfranco FIORAVANTI. Canzoni a cura di Claudio GIUNTA, in *Dante Alighieri, Opera*, Edizione diretta da Marco SANTAGATA, Milano, Mondadori, 2014, p. 1-805.

Traduction : *Banquet*, traduit par Christian BEC, dans *Dante, Œuvres complètes*, traduction nouvelle revue et corrigée avec un index des noms de personnes et de personnages sous la direction de Christian BEC, Paris, Livre de poche, 1996, p. 181-383.

Parfois il est fait référence à l'édition allemande commentée : *Das Gastmahl*, traduit par Thomas RICKLIN, commenté par

Francis CHENEVAL, Ruedi IMBACH et Thomas RICKLIN, dans Dante Alighieri, *Philosophische Werke*, vol. 4, I-IV, éd. Ruedi IMBACH, Hamburg, Meiner, 1996-2004.

Monarchia

Mon. : *Monarchia* a cura di Diego QUAGLIONI, in *Dante Alighieri, Opera*, volume secondo, Edizione diretta da Marco SANTAGATA, Milano, Mondadori, 2014, p. 807-1415.

Traduction : *Monarchie*, traduit par François LIVI, dans *Dante, Œuvres complètes*, traduction nouvelle revue et corrigée avec un index des noms de personnes et de personnages sous la direction de Christian BEC, Paris, Livre de poche, 1996, p. 437-516.

Il est parfois fait référence à *Monarchia*, Studienausgabe. Einleitung, Übersetzung und Kommentar von Ruedi IMBACH und Christoph FLÜELER, Stuttgart, Reclam, 1989.

De vulgari eloquentia

DVE : *De vulgari eloquentia*, a cura di Mirko TAVONI, in *Dante Alighieri, Opera*, volume primo, Edizione diretta da Marco SANTAGATA, Milano, Mondadori, 2011, p. 1065-1547.

Traduction : *De l'éloquence en vulgaire*. Introduction et appareil critique par Irène ROSIER-CATACH. Traduction française par Anne GRONDEUX, Ruedi IMBACH et Irène ROSIER-CATACH, Paris, Fayard, 2011.

Parfois il est fait référence à l'édition allemande commentée : *Über die Beredsamkeit in der Volkssprache*, übersetzt von Francis CHENEVAL, mit einer Einleitung von Ruedi IMBACH und Irène ROSIER-CATACH und einem Kommentar von Ruedi IMBACH und Tiziana SUAREZ-NANI, Dante Alighieri, *Philosophische Werke*, 3, Hamburg, Meiner, 2007.

Vita Nova

Vita Nova : *Vita Nova* a cura di Guglielmo GORNI, in *Dante Alighieri, Opera*, volume primo, Edizione diretta da Marco SANTAGATA, Milano, Mondadori, 2011, p. 745-1063.

Traduction : *Vie nouvelle*, traduit par Christian BEC, dans *Dante, Œuvres complètes*, traduction nouvelle revue et corrigée avec un index des noms de personnes et de personnages sous la direction de Christian BEC, Paris, Livre de poche, 1996, p. 25-84.

Questio de aqua et terra
Questio de aqua et terra, a cura di Michele RINALDI, in *Nuova edizione commentata delle Opere di Dante*, volume V, a cura die Marco BAGLIO, Luca AZZETTA, Marco PETOLETTI, Michele RINALDI, introduzione di Andrea MAZZUCCHI, Roma, Salerno editrice, 2016, p. 651-751.
Traduction : *Querelle de l'eau et de la terre. Aspect et situation des deux éléments*, traduit par Roberto BARBONE et Antonio STÄUBLE, dans *Œuvres complètes*, traduction nouvelle revue et corrigée avec un index des noms de personnes et de personnages sous la direction de Christian BEC, Paris, Livre de poche, 1996, p. 572-596.
Parfois il est fait référence à l'édition allemande commentée : *Abhandlung über das Wasser und die Erde*, übersetzt, eingeleitet und kommentiert von Dominik PERLER, Dante, *Philosophische Werke*, 2, Hamburg, Meiner, 1994.

Epistola XIII
Epistola XIII, a cura di Luca AZZETTA, in *Nuova edizione commentata delle Opere di Dante*, volume V, a cura die Marco BAGLIO, Luca AZZETTA, Marco PETOLETTI, Michele RINALDI, introduzione di Andrea MAZZUCCHI, Roma, Salerno editrice, 2016, p. 271-417.
Traduction : *Épître XIII*, traduction par Roberto BARBONE et Antonio STÄUBLE, dans *Œuvres complètes*. Traduction nouvelle revue et corrigée avec un index des noms de personnes et de personnages sous la direction de Christian BEC, Paris, Livre de poche, 1996, p. 547-560.
Das Schreiben an Cangrande della Scala, übersetzt, eingeleitet und kommentiert von Thomas RICKLIN, Dante, *Philosophische Werke*, 1, Hamburg, Meiner, 1993,

THOMAS D'AQUIN

Summa theologiae

ST : *Summa theologiae*, editio Paulina, Roma, Edizione San Paolo, 1988 (I, I-II, II-II, III).

Traduction : Thomas d'Aquin, *Somme théologique*, traduction Aimon-Marie ROGUET, I-IV, Paris, Cerf, 1984- 1986.

Summa contra gentiles

ScG : *Liber de Veritate Catholicae Fidei contra errores Infidelium*, cura et studio Ceslai PERA O.P. coadiuv. D. Petro Marc et Petro CARAMELLO, vol. II-III, Taurini, Romae 1961.

PORTRAIT DU POÈTE
EN TANT QUE PHILOSOPHE
EXPLORATION DE LA PENSÉE PHILOSOPHIQUE
DE DANTE ALIGHIERI

Mon projet est de présenter certains aspects de la pensée philosophique de Dante. Le titre de cet essai mérite cependant une brève explication. Le mot « portrait » est issu d'un participe substantivé du verbe *portraire*. Ce verbe d'activité signifie « concevoir, représenter » et est lui-même dérivé du verbe latin *protrahere*, qui signifie littéralement « faire ressortir », mais également « mettre en lumière » au sens figuré. Le portrait est donc une représentation d'une personne, dont le but est de montrer ce qui est particulier et caractéristique de cet être. Or, dans notre titre, un complément précise l'expression principale au moyen de la conjonction *en tant que*. Dans l'histoire de la philosophie, cette expression joue un rôle tout à fait remarquable, en grec sous la forme *he* et en latin comme *inquantum*. Le projet d'Aristote d'une science de l'être en tant qu'être (*episteme tou ontos he ontos*) dans la *Métaphysique* est célèbre, mais l'analyse de Heidegger dans *Sein und Zeit* du terme *als* apophantique et herméneutique (*Sein und Zeit*, § 33) est tout aussi connue. La signification de ce mot consiste toujours à examiner ou à comprendre quelque chose comme quelque chose d'autre. Cette conjonction doit donc indiquer l'aspect ou la perspective sous laquelle quelque chose est vue, considérée, envisagée. Si nous voulons donc appréhender le *poeta inquantum philosophus*, cela signifie que nous ne considérons pas le poète du point de vue de la poésie, mais justement du point de vue de la philosophie. Dans le cas de Dante, ce regard spécifique est en un sens surprenant, car Dante est avant tout connu et vénéré comme l'un des poètes les plus importants de la littérature mondiale. S'il faut justifier cette approche restrictive, nous pouvons souligner que l'expression *en tant que* peut dans notre cas être comprise de deux manières. Une première signification se réfère au point de vue de celui qui conçoit un portrait : nous voulons alors dire que celui qui fait le portrait représente le portraituré sous l'angle de la philosophie. Il s'agit donc d'un point de vue philosophique sur l'œuvre de Dante. La deuxième signification se rapporte au sujet peint et signifie qu'il s'agit de représenter quelqu'un qui s'est vu et compris lui-même comme philosophe. Dans notre cas, les deux significations sont impliquées. Je voudrais étudier Dante dans le contexte de l'histoire de la philosophie médiévale, ce qui a une portée particulière car Dante lui-même s'est compris, au moins pendant un certain temps, comme un philosophe. Nous en trouvons une preuve évidente dans son dernier écrit, la *Questio*, qui a été discutée peu avant sa mort en 1320. Il s'y décrit comme « inter vere philosophantes minimus », comme le plus petit parmi les philosophes authentiques[1].

---

1. *Questio*, [1], Rinaldi, p. 694 : « Universis et singulis presentes litteras inspecturis Dantes Alagherii de Florentia, inter vere philosophantes minimus, in Eo salutem qui est principium veritatis et lumen ». *Cf.* également [87], p. 748–750, où le syntagme « philosophorum minimus » est répété. – Quant à la question de l'authenticité de cet opuscule, on consultera l'introduction de Rinaldi. Pour les abréviations voir la bibliographie.

I. LA CONCEPTION DE LA PHILOSOPHIE

Dante conclut la *canzone* qui ouvre le deuxième traité du C*onvivio* en précisant que ceux qui sauront interpréter correctement les pensées contenues dans cette chanson seront peu nombreux :

> Canzone, io credo che saranno radi
> Color che tua ragione intendan bene[1].

Cette *canzone*, dont l'incipit est : *Voi che 'ntendendo il terzo ciel movete*, traite, comme on le sait, d'un amour passé et d'un amour nouveau. Dans son commentaire, Dante explique qu'après la mort de Béatrice, le regard d'une autre femme l'a frappé et que la *canzone* décrit la bataille (*battaglia*) entre les pensées se rapportant à celle-ci et le souvenir de celle-là[2]. Dans la suite du commentaire, le lecteur comprend que la *donna gentile*, la « gente dame », femme noble dont l'amour remplace celui de Béatrice, est identique à la philosophie[3]. Le thème central du deuxième traité du *Convivio* est ainsi clairement défini : le cheminement de Dante vers la philosophie est décrit comme un processus amoureux, au cours duquel l'amour pour une femme l'emporte sur celui qu'il voue à une autre, à l'issue d'une intense lutte intérieure. Dante s'efforce de faire en sorte que le lecteur saisisse précisément l'ordre chronologique et puisse suivre les étapes du processus qui est décrit : c'est exactement 1168 jours après la mort de Béatrice, le

---

1. *Conv.*, II, Canzone, ed. Giunta, p. 192.
2. Cf. *Conv.*, II, ɪɪ, 3–5, Fioravanti, p. 224–226.
3. Concernant le développement, la signification et la portée du syntagme *donna gentile* il faut consulter l'article fondamental de Giorgio Petrocchi dans l'*Enciclopedia Dantesca*, II, 574a-577a.

8 juin 1290[1], que cette *donna gentile* « apparut pour la première fois à mes yeux… et prit quelque place en mon esprit »[2].

Il semble évident que ce qui est relaté dans le *Convivio* ne peut pas être compris de manière adéquate sans la *Vita Nova*, puisque ce qui est raconté dans la *Vita Nova* fournit en un certain sens la structure du récit du *Convivio*. La mort de Béatrice, nous apprend la *Vita Nova*, a plongé Dante dans un puissant désespoir. Dante est ensuite consolé par une *donna gentile*. Mais le texte se termine avec l'espoir de revoir la bienheureuse Béatrice.

Dans le *Convivio*, ces événements décrits dans la *Vita Nova* sont réinterprétés. Ici aussi, la mort de Béatrice est le point de départ : « lorsque j'eus perdu le premier plaisir de mon âme […] je demeurai accablé d'une telle tristesse qu'aucun réconfort n'avait sur moi d'effet »[3]. Comme dans la *Vita Nova*, c'est une *donna gentile* qui, de manière inespérée, apporte néanmoins la consolation : il s'agit de la philosophie, à laquelle Dante est confronté à travers la lecture du *Livre de consolation* de Boèce et du traité de l'amitié de Cicéron :

> Comme il arrive que, cherchant de l'argent, on trouve involontairement de l'or, qu'une cause occulte nous présente, sans doute du fait d'un ordre divin ; de même cherchant à me consoler, je trouvai non seulement un

1. Voir à ce propos le commentaire de Fioravanti, p. 222-223 mais aussi celui de Ricklin, II, p. 119-120.
2. *Conv.*, II, II, 1, Fioravanti, p. 222, Bec, p. 215-216.
3. *Conv.*, II, XII, 1, Fioravanti, p. 296, Bec, p. 237 : « E però, principiando ancora da capo, dico che, come per me fu perduto lo primo diletto della mia anima, della quale fatta è menzione di sopra, io rimasi di tanta tristizia punto, che conforto non mi valeva alcuno ».

remède à mes larmes, mais les paroles d'auteurs, de sciences et de livres[1].

Il comprend que la philosophie est une chose suprême, *somma cosa*, et comme il se la représente comme une femme, il tombe amoureux d'elle, la *nobilissima e bellissima Filosofia*[2].

À ce moment du récit, où Dante veut faire comprendre au lecteur son cheminement vers la philosophie, le lecteur du *Convivio* est frappé par une différence notable avec ce qui est raconté dans la *Vita Nova*. Après la rencontre réconfortante avec la *donna gentile*, Dante revient, selon le texte de la *Vita Nova*, auprès de Béatrice[3], alors que dans le *Convivio*, il rapporte être allé là où la philosophie se manifeste[4]. Il s'est donc consacré à l'étude de la philosophie. Les spécialistes se disputent depuis des temps immémoriaux sur la signification exacte de cette affirmation[5].

1. *Conv.*, II, XII, 5, Fioravanti, p. 300, Bec, p. 238 : « E sì come essere suole che l'uomo va cercando argento e fuori della 'ntenzione truova oro, lo quale occulta cagione presenta ; non forse sanza divino imperio ; io, che cercava di consolarme, trovai non solamente alle mie lagrime rimedio, ma vocabuli d'autori e di scienze e di libri ».

2. Cf. *Conv.*, II, XII, 5, Fioravanti, p. 300 mais aussi XII, 9, Fioravanti, p. 304 : « E perché, sì comme detto è, questa donna fu figlia di Dio, regina di tutto, nobilissima e bellissima Filosofia ».

3. *Cf.* La fin de la *Vita Nova*, 28-31 (XXXIX-XLII), Gorni, p. 1062 : « E poi piaccia a colui che è sire della cortesia che la mia anima sen possa gire a vedere la gloria della sua donna, cioè di quella benedetta Beatrice, la quale gloriosamente mira nella faccia di Colui "qui est per omnia secula benedictus" ».

4. *Conv.*, II, XII, 7, Fioravanti, p. 302 : « E da questo imaginare cominciai ad andare là dov'ella si dimostrava veracemente, cioè nelle scuole delli religiosi e alle disputazioni delli filosofanti ; sì che in picciolo tempo, forse di trenta mesi, cominciai tanto a sentire della sua dolcezza, che lo suo amore cacciava e distruggeva ogni altro pensiero. » *Cf.* également le commentaire de Ricklin, *Gastmahl*, II, p. 228–233.

5. *Cf.* à ce propos le commentaire de Fioravanti, p. 302–307.

Ce qui nous intéresse ici, c'est de constater que, selon cette reconstruction autobiographique, l'amour de la philosophie remplace celui de Béatrice après une intense lutte intérieure, longuement décrite, et procure à Dante des satisfactions intellectuelles inattendues qui lui font oublier la perte de sa première joie de l'âme. La philosophie se présente d'abord à lui comme une consolatrice, mais elle n'en reste pas là. Elle se révèle ensuite à lui en tant que telle et est perçue alors dans sa propre beauté.

Il n'est donc guère surprenant que l'interprétation de la *canzone*, qui reprend les événements passés et invite à leur explication et à leur interprétation grâce au commentaire, donne lieu, dans la suite du *Banquet* à une véritable introduction à la philosophie qui, comme le veut le genre littéraire médiéval en la matière, comprend avant tout trois parties importantes, à savoir une *diffinitio philosophie*, une *commendatio philosophie* et une *divisio philosophie*[1]. Tandis que Dante développe les deux premiers points du programme dans le troisième traité, il consacre une part importante du deuxième traité à la division de la science, que l'interprétation allégorique du début du poème lui permet de réaliser : *Voi che 'ntendendo il terzo ciel movete*, « Vous dont l'esprit meut le troisième ciel ». L'expression « ciel », comme l'enseigne le chapitre XIII, désigne les sciences[2], et cette identification conduit Dante à proposer une classification des sciences dans laquelle il développe longuement une correspondance entre la voûte céleste avec ses sphères et les sciences. Comme l'a démontré Thomas Ricklin dans son commentaire aussi complet que riche sur

1. Voir à ce sujet l'introduction de Cheneval, *Gastmahl*, I, p. LXXXXVIII-XCIX.
2. *Conv.*, II, XIII, 2, Fioravanti, p. 306 : « Dico che per cielo io intendo la scienza e per cieli le scienze ».

ce passage, il existe bien des modèles de cette tentative d'utiliser l'édifice du monde comme clé d'une classification des sciences. Néanmoins, cette partie du traité de Dante offre un aperçu instructif de la particularité et de l'originalité de sa conception de la philosophie, qui ne peut être développée ici que de manière superficielle.

La compréhension du cosmos de Dante, qui s'inscrit dans la tradition, fournit le fil conducteur : selon cette conception, les sept cieux planétaires sont suivis du ciel des étoiles fixes, du ciel cristallin et de l'empyrée, ce qui donne un ensemble de dix cieux, dont Dante résume ainsi le rapport avec les sciences :

> Aux sept premiers [cieux] correspondent les sept sciences du *Trivium* et du *Quadrivium*, c'est-à-dire la Grammaire, la Dialectique, la Rhétorique, l'Arithmétique, la Musique, la Géométrie et l'Astronomie. À la huitième sphère, c'est-à-dire à celle des étoiles correspond la science de la nature, appelée Physique, et la première science qu'on appelle Métaphysique ; à la neuvième sphère correspond la science de la morale ; et au ciel en repos correspond la science divine, appelée Théologie[1].

Il n'est pas possible, dans le cadre de cet exposé, de présenter tous les aspects du déploiement de cette division scientifique proposée par Dante. Je ne retiens que quatre points qui me semblent significatifs :

---

1. *Conv.*, II, XIII, 8, Fioravanti p. 310, Bec, p. 240 : « Alli sette primi rispondono le sette scienze del Trivio e del Quadruvio, cioè Gramatica, Dialetica, Rettorica, Arismetrica, Musica, Geometria e Astrologia. All'ottava spera, cioè alla stellata, risponde la scienza naturale, che Fisica si chiama, e la prima scienza, che si chiama Metafisica ; alla nona spera risponde la Scienza morale ; ed al cielo quieto risponde la scienza divina, che è Teologia appellata ». La traduction de Ch. Bec comporte ici une importante lacune !

1. Au ciel de la lune correspond la grammaire. Suivant ses propres règles méthodologiques, Dante mentionne deux caractéristiques du ciel qui présentent une similitude avec la grammaire. Sur la lune, dit Dante, nous remarquons, en comparaison avec les autres étoiles, non seulement les taches lunaires, mais nous observons aussi les phases de la lune :

> Et la grammaire a ces deux propriétés. Du fait de de son infinité, les rayons de la raison n'y trouvent pas de terme, notamment s'agissant de certains vocables ; elle brille tantôt ici, tantôt là, en ce que certains vocables, certaines déclinaisons et certaines constructions sont en usage, qui n'existaient pas autrefois, ou l'étaient déjà et le seront à nouveau[1].

Ces phrases sur la variabilité des langues expriment non seulement l'intérêt de Dante pour le phénomène du langage, mais aussi sa sensibilité générale à la finitude et à l'historicité de l'homme. Dante a réfléchi à cet aspect du langage plus que tout autre philosophe du Moyen Âge, comme le confirme le discours d'Adam dans le chant XXVI du *Paradis*, où l'accent est clairement mis d'une part sur l'homme en tant qu'inventeur de langage et d'autre part sur la nécessaire variabilité des langues.

Dans son écrit latin *De vulgari eloquentia*, consacré exclusivement au problème du langage, la problématique de l'évolution linguistique post-babélienne est examinée en détail, et le philosophe italien n'interprète pas seulement

---

1. *Conv.*, II, XIII, 10, Fioravanti, p. 312, Bec, p. 240 (traduction corrigée) : « E queste due propietadi hae la Gramatica : ché per la sua infinitade li raggi della ragione in essa non si terminano, in parte spezialmente delli vocabuli ; e luce or di qua or di là, in tanto [in] quanto certi vocabuli, certe declinazioni, certe construzioni sono in uso che già non furono, e molte già furono che ancor saranno ».

la multiplication des langues comme une punition divine, comme il est d'usage, mais tente surtout d'en donner une explication rationnelle dont il découvre le fondement dans la nature humaine :

> Puisque toute langue qui est nôtre [...] a été refaite selon notre bon plaisir après confusion qui ne fut rien d'autre que l'oubli du parler précédent, et puisque l'homme est l'animal le plus instable et le plus enclin à la variation, aucun parler ne peut être durable et permanent, mais il faut bien qu'il varie, comme tout ce qui est nôtre, par exemple les mœurs et les coutumes, selon l'éloignement dans l'espace et le temps[1].

Dante livre ici une interprétation innovante de la thèse, commune à tous les philosophes depuis Aristote, selon laquelle le langage humain a été inventé *ad placitum*. Cette interprétation est importante et significative parce que, d'une part, elle témoigne d'une sensibilité spécifique pour le changement historique et que, d'autre part, elle parvient à comprendre cette factualité d'une manière tout à fait positive.

2. La logique (la dialectique) peut être comparée au ciel de Mercure. Dante était fasciné par la logique, dont il évoque le corpus de la *Logica vetus* et de la *Logica nova* dans le passage en question du *Convivio*. La réplique d'un diable dans un passage de l'*Enfer* peut se lire comme une interpellation que Dante adresse à son lecteur : « Forse / tu non pensavi ch'io logico fossi », « Tu n'as peut-être pas

---

1. *DVE*, I, ɪx, 6, Tavoni, p. 1220–1222, traduction, p. 115-117 : « Cum igitur omnis nostra loquela, [...], sit a nostro beneplacito reparata post confusionem illam que nil fuit aliud quam prioris oblivio, et homo sit instabilissimum atque variabilissimum animal, nec durabilis nec continua esse potest ; sed sicut alia que nostra sunt, puta mores et habitus, per locorum temporumque distantias variari oportet ».

cru que j'étais un logicien »[1]. L'importance qu'il accorde
à la logique peut être confirmée cent fois dans son œuvre,
sans doute de la manière la plus impressionnante dans la
Monarchia. L'utilisation de la logique est particulièrement
frappante dans le troisième livre du Traité politique, où
Dante rejette les arguments bibliques en faveur de la
plénitude de puissance pontificale (*plenitudo potestatis*)
en montrant les erreurs logiques qui se trouvent au cœur
de l'argumentation de ses adversaires. Nous pouvons
rappeler ici le chapitre 8, où le célèbre argument du pouvoir
universel de lier et de délier que possède le pape selon
Matthieu 16,19 est discuté : « Tout ce que tu lieras sur la
terre sera lié dans le ciel ». Selon les adversaires attaqués
par Dante, cette parole biblique signifie que le pape peut
fixer et défaire les lois et les décrets du gouvernement
temporel. Dans une première étape de sa réfutation, Dante
transforme l'argumentation adverse en un syllogisme et,
dans une seconde étape, il démontre que dans ce débat,
tout dépend de l'interprétation logiquement correcte du
terme universel 'tout' (*universale terminus omne*)[2]. Suit
alors une brève digression dans laquelle Dante discute de
la *distributio terminorum*, de la quantification universelle,
exposée dans le Manuel de logique de Pierre d'Espagne.
Il résume cette doctrine et l'applique à son problème et il
obtient le résultat suivant : une interprétation logiquement
correcte de la phrase biblique ne permet en aucun cas de
l'interpréter dans le sens d'une légitimité du pouvoir
temporel du pape.

1. *Inf.*, XXVII, 122–123, Inglese, p. 328.
2. Pour ce qui suit, voir le commentaire de R. Imbach, *Monarchia*,
p. 322–323.

Un autre exemple est probablement encore plus surprenant. Dans la première partie du chant XXVI du *Paradiso*, la troisième partie de l'examen de maîtrise théologique de Dante est présentée[1]. Après que les apôtres Jacques et Pierre l'aient précédemment interrogé sur la foi et l'espérance (*Paradiso* XXIV et XXV), Jean le questionne ici sur l'amour. Dante répond à la question de l'examen par un bref discours qui compte parmi les passages les plus importants de la *Comédie*, car il y développe la thèse selon laquelle Dieu, en tant que bien suprême, est la cause du plus grand amour. Si l'on lit attentivement ces vers qui expriment, selon Dante lui-même, l'accord entre la raison et la foi, on peut constater que les tercets correspondants obéissent à une forme de démonstration logique précise. L'argumentation commence par la clarification de la relation entre l'amour et le bien. Dans un deuxième temps, il est établi que Dieu est la cause de tout bien dans la réalité. Dans un troisième moment, on en déduit que c'est pour cette raison que l'esprit se dirige vers Dieu par l'amour. Si l'on retraduit cette triple étape dans le langage technique scolastique, l'argument est alors comparable à un syllogisme - et l'on voit à quel point même le mode d'expression poétique est lié aux procédures de la preuve logique de la scolastique.

3. Les considérations sur l'arithmétique, qui peut être comparée au soleil, illustrent une fois de plus l'estime que Dante porte à cet astre, qui est mentionné, comme on le sait, dans le dernier vers de la *Commedia*, lorsqu'il conclut son poème sacré en parlant de l'amour qui anime le soleil

---

1. Pour ce qui suit *cf.* R. Imbach, S. Maspoli : « Philosophische Lehrgespräche in Dantes "Commedia" », *in* K. Jacobi (ed.), *Gespräche lesen. Philosophische Dialoge im Mittelalter*, Tübingen, G. Narr, 1999, p. 291–321, particulièrement p. 318–321.

et les autres astres[1]. Dans le passage du *Convivio* où il est question de l'arithmétique, le texte souligne que l'arithmétique éclaire toutes les autres sciences, tout comme le soleil éclaire toutes les autres étoiles[2]. Le fait qu'il se soit penché sur la question du rayonnement du soleil et qu'il veuille qu'elle soit bien comprise est attesté de façon instructive par un passage révélateur du troisième livre des *Monarchia*. Le passage dont il s'agit (III, iv) se réfère à l'interprétation allégorique du soleil et de la lune dont le but est de plaider en faveur de la domination séculière du pape. Dante résume l'argumentation des opposants comme suit :

> Ils argumentent ensuite que, de même que la lune, qui est l'astre mineur, n'a de lumière que pour autant qu'elle la reçoit du soleil, de même le gouvernement temporel n'a d'autorité que pour autant qu'il la reçoit du gouvernement spirituel[3].

La critique étonnamment détaillée de cet argument consiste principalement en une critique de l'abus des interprétations allégoriques et se termine finalement par une remarque sur ce que nous pouvons appeler l'indépendance de la lune. Non seulement la lune, argumente ici Dante, est ontologiquement indépendante du soleil, mais son mouvement ne dépend pas non plus du soleil. Mais surtout, « habet aliquam lucem ex se », elle possède

---

1. *Par.*, XXXIII, 145, Inglese, p. 404 : « l'amor che move il sole e l'altre stelle ».

2. *Conv.*, II, XIII, 15, Fioravanti, p. 314.

3. *Mon.*, III, IV, 3, Quaglioni, p. 1245, Livi, p. 493 : « Deinde arguunt quod, quemadmodum luna, que est luminare minus, non habet lucem nisi prout recipit a sole, sic nec regnum temporale auctoritatem habet nisi prout recipit a spirituali regimine ».

elle-même une certaine lumière[1]. Si Dante utilise ici une explication cosmologique contestable pour combattre la doctrine théocratique, cela confirme avant tout qu'il était particulièrement intéressé par les questions d'astronomie. Ceci n'est pas seulement confirmé par la discussion sur l'explication des taches lunaires, dont Béatrice s'occupe dans un discours détaillé au chant II du *Paradis*. Elle y critique les thèses antérieurement soutenues par Dante à ce sujet[2]. Ce qui importe surtout est le jugement que Dante porte sur l'astronomie dans la classification des sciences du *Convivio*, lorsqu'il affirme que, de même que Saturne est la plus élevée des planètes, l'astronomie occupe le premier rang parmi les sept arts libéraux. Pour justifier cette prééminence, Dante se réfère à Aristote, selon lequel le rang d'une science est déterminé par la noblesse de son objet et par son degré de certitude. Comme l'astronomie traite du plus excellent des mouvements, elle a donc ce rang et elle repose en outre sur les principes scientifiques les plus sûrs[3].

4. Un dernier aspect de la classification des sciences de Dante mérite notre attention. Comme mentionné auparavant, les trois sphères célestes supérieures sont comparées à la physique, à la métaphysique, à la philosophie morale et à la théologie. La physique et la métaphysique

---

1. *Mon.*, III, ɪᴠ, 18, Quaglioni, p. 1274–1276.
2. *Par.*, II, 46–105. Ce passage est particulièrement important pour la conception dantesque de la philosophie. Surtout les remarques de Béatrice sur l'importance de la connaissance sensible pour l'homme sont décisives (52–57, Inglese, p. 51) : « Ella sorrise alquanto, e poi "S'egli erra / l'oppinïon – mi disse – d'i mortali / dove chiave di senso non diserra, / certo non ti dovrien punger li strali / d'ammirazione omai, poi dietro ai sensi / vedi che la ragione ha corte l'ali ». Il faut également tenir compte des vers 94–96, Inglese, p. 54.
3. Cf. *Conv.*, II, xɪɪɪ, 28–30, Fioravanti, p. 322–324.

renvoient au ciel des étoiles fixes, tandis que la philosophie morale, selon le jugement de Dante, doit être comparée au ciel cristallin[1]. Pour bien évaluer la signification de cette disposition, il faut rappeler que le ciel cristallin ordonne tous les mouvements célestes, c'est-à-dire qu'il est finalement aussi responsable de l'ensemble du devenir et de la corruption dans le monde sublunaire, qui dépendent du mouvement céleste. Un arrêt du *primo mobile*, le ciel cristallin, aurait donc des conséquences incalculables :

> À vrai dire, il n'y aurait plus ici-bas d'engendrement ni de vie d'animaux ou de plantes ; il n'y aurait ni nuit ni jour, ni semaine ni mois d'année ; et l'univers entier serait dans le désordre et le mouvement des autres cieux serait inutile[2].

On voit ainsi la portée de la comparaison entre le ciel cristallin et la philosophie morale : celle-ci est élevée au rang de philosophie première à la place de la métaphysique. Les conséquences décisives qu'entraîne cette primauté de la philosophie pratique sur la philosophie théorique apparaissent clairement dans l'explication que donne Dante :

> De la même façon, si cessait la Philosophie Morale, les autres sciences seraient cachées un certain temps ; il n'y aurait ni engendrement ni vie heureuse ; c'est en vain qu'elles auraient été écrites et anciennement découvertes[3].

1. *Conv.*, II, XIII, 14, Fioravanti, p. 332-336.
2. *Conv.*, II, XIV, 17, Fioravanti, p. 336, Bec, p. 246 : « E da vero non sarebbe quaggiù generazione né vita d'animale o di pianta ; notte non sarebbe né die, né settimana né mese né anno, ma tutto l'universo sarebbe disordinato, e lo movimento delli altri sarebbe indarno ».
3. *Conv.*, II, XIV, 18, Fioravanti, p. 336, Bec, p. 247 : « E non altrimenti, cessando la Morale Filosofia, l'altre scienze sarebbero celate alcuno tempo, e non sarebbe generazione né vita di felicitade, e indarno sarebbero scritte e per antico trovate ».

Toute la philosophie, devons-nous en conclure, aurait été inventée en vain. Si nous tenons compte du fait que le syntagme « philosophie morale » au sens de Dante n'inclut pas seulement la philosophie politique, mais que celle-ci parachève la philosophie pratique, il devient clair qu'un changement radical de la conception de la philosophie s'opère ici, dont la quintessence est exprimée de manière concise dans la phrase « la moralitade e belleza della Filosofia », « la morale est la beauté de la philosophie »[1]. Nous pouvons retenir que, selon le philosophe italien, ce n'est pas la métaphysique, en tant qu'achèvement de la philosophie théorique, qui représente la science la plus élevée, mais la philosophie pratique. Il n'est pas exagéré de parler ici d'une nette primauté de la raison pratique, telle que nous la rencontrons à nouveau plus tard chez Kant. Cette primauté de la philosophie pratique vaut également pour la *Commedia* et son interprétation. Cette constatation importante peut être confirmée par la conversation de Béatrice avec Virgile au début de l'œuvre. Dans le chant II de l'*Enfer*, Dante exprime ses doutes ; il se demande s'il est apte à ce voyage dans l'au-delà : « Je ne suis ni Énée ni Paul », fait-il remarquer. Pour donner du courage à celui qui hésite, Virgile rappelle que lui aussi voulait refuser la mission de Béatrice. Dans cette situation, Virgile demande à Béatrice pourquoi elle n'a pas hésité à descendre « dans ce centre loin de l'ample séjour où tu brûles de retourner »[2]. La réponse de Béatrice contient, dans un certain sens, la maxime éthique fondamentale de tout le poème :

---

1. *Conv.*, III, xv, 11, Fioravanti, p. 506.
2. *Inf.*, II, 83-84, Berthier, p. 17.

> Dès que tu veux savoir si à fond,
> je te dirai brièvement, me répondit-elle,
> pourquoi je ne crains pas de venir ci-dedans.

> On doit craindre les seules choses
> qui ont le pouvoir de faire le mal à autrui
> les autres non ! Elles ne sont pas redoutables[1].

On peut conclure que la déclaration de la *donna gentile* céleste donne une indication lourde de conséquences qui fait comprendre que la *Commedia* complète, poursuit et parachève par une orientation théologique la conviction acquise dans le *Convivio* selon laquelle l'éthique est la philosophie première et qu'elle est aussi le but de la théologie.

II. PHILOSOPHIE DU LANGAGE

Pour introduire cette nouvelle thématique, je voudrais m'arrêter sur un court passage de la troisième partie de la *Commedia* et ébaucher à l'aide de ce texte, et d'une manière un peu plus précise le visage de la philosophie de Dante.

> La langue que je parlais fut entièrement éteinte
> bien avant qu'à l'œuvre interminable
> les hommes de Nimrod se fussent appliqués :

---

1. *Inf.*, II, 85–90, Inglese, p. 73, Berthier, p. 71-72 (corrigé) : « Da che tu vuo' saver cotanto a dentro, / dirotti brieve-mente – mi rispuose – / perch'io non temo di venir qua entro. / Temer si dee di sole quelle cose / c'hanno potenza di fare altrui male ; / dell'altre no, che non son paurose ». Selon moi il s'agit d'une des affirmations les plus importantes de toute la *Comédie*. Je la rapproche de ce que Ruwen Ogien considérait comme le principe de la morale minimale : « Ne pas nuire aux autres, rien de plus. » *Cf.* R. Merrill, P. Savidan (éd.), *Du Minimalisme moral. Essais pour Ruwen Ogien*, Paris, Raison Publique, 2018.

car jamais nulle œuvre de la raison
à cause des vouloirs humains qui se renouvellent
en suivant le ciel, ne fut toujours durable.

C'est un acte naturel que l'homme parle :
mais que ce soit ainsi ou ainsi, la nature laisse
ensuite faire à vous, selon qu'il vous plaît.

Avant que je redescendisse vers l'infernale angoisse
on appelait « I » sur la terre le Souverain Bien,
duquel vient l'allégresse qui m'entoure ;

on l'appela ensuite « El » : et c'est convenable,
car les usages des mortels sont comme les feuilles
de la branche : l'une s'en va, l'autre vient[1].

Ce passage est un court extrait du chant XXVI du
Paradiso. Les vers cités sont, selon l'imagination poétique
de Dante, les paroles d'Adam adressées à Dante qui, dans
les trois chants précédents, a passé auprès des trois apôtres
Pierre, Jacques et Jean une sorte d'examen comparable à
un examen de doctorat. Grâce à la réussite de l'examen
sur la foi, l'espérance et la charité, Dante a en quelque
sorte obtenu la dignité de maître en théologie. Dans la
deuxième partie du chant XXVI, d'où est tirée la citation,
Dante rencontre l'ancêtre de la race humaine et en est
extraordinairement heureux, surtout parce qu'il veut poser
quatre questions à son aïeul. L'une de ces questions concerne

---

1. *Par.*, XXVI, 124–138, Inglese, p. 330-331, Berthier, p. 926 : « La
lingua ch'io parlai fu tutta spenta / innanzi che a l'ovra inconsumabile / fosse
la gente di Nembròt attenta : / ché nullo effetto mai razïonabile, / per lo
piacere uman che rinovella / seguendo il cielo, sempre fu durabile ; / opera
naturale è ch'uom favella ; / ma così o così, natura lascia / poi fare a voi
secondo che v'abbella : / pria ch'io scendessi a l'infernale ambascia, / "I"
s'appellava in terra il sommo Bene / onde vien la letizia che mi fascia, / e
"El" si chiamò poi – e ciò convene, / che l'uso d'i mortali è come
fronda / in ramo, che sen va e altra vene ».

la langue que le premier homme aurait parlée : Tu veux savoir, dit Adam, « l'idïoma ch'usai e che fei », quelle langue j'ai utilisée et quelle langue j'ai créée.

Le passage que je souhaite expliquer n'est pas seulement un exemple attrayant de la thèse d'Erich Auerbach, aussi célèbre que lourde de sens, selon laquelle la poésie de la *Comédie* est « éminemment philosophique »[1], mais peut nous servir de point de départ pour tenter de nous rapprocher de la philosophie du langage de Dante.

Le passage contient une réminiscence biblique lorsqu'il est question ici de Nimrod : il s'agit d'une allusion au récit de la construction de la tour de Babel tel qu'il est raconté au livre de la *Genèse* (10, 9-10) et à la confusion des langues qui en découle. C'est déjà la troisième fois que Dante évoque ce mythe biblique dans son œuvre. Dans le chant XXXI de l'*Enfer*, Dante et Virgile rencontrent Nimrod, le roi de Babylone[2], qui aurait inspiré la construction de la tour de Babel et qui est donc considéré par la tradition chrétienne comme l'incarnation de l'orgueil. Le personnage gigantesque crie aux deux marcheurs des bribes de langage incompréhensibles et dénuées de sens : « Raphel mai amecche zabi almi ». Virgile explique à Dante la signification de ce langage manifestement dénué de sens :

> Et puis il me dit : « Il s'accuse lui-même.
> C'est Nimrod, dont le mauvais conseil
> fait que le monde n'use pas d'une seule langue.

---

1. *Dante als Dichter der irdischen Welt*, Berlin, de Gruyter, 2001, p. 194 : « Die Dichtung der Komödie ist eine eminent philosophische : nicht sowohl wegen der philosophischen Lehren an sich, die das Gedicht vorträgt, als vielmehr weil der Geist der Lehren den Dichter zwingt, philosophisch zu dichten [...]. So wie die philosophische Arbeit aus den Erscheinungen die reinen Ideen abstrahiert, so zieht diese dichterische Arbeit aus ihnen die wahre Gestalt, die Leib und Geist zugleich ist ».

2. Sur ce personnage cf. *Genèse*, 10, 8-10 et 11, 1-9.

> Laissons-le là, et ne parlons pas à vide,
> parce que pour lui le langage de chacun
> est ce qu'est le sien à autrui, pleinement inconnu[1].

Nimrod symbolise donc une langue qui ne remplit pas sa fonction, son projet est appelé, dans notre passage, une œuvre inachevée[2].

Plus importantes que cette réminiscence biblique et mythique sont cependant les deux thèses philosophiques que contient le discours d'Adam dans le chant XXVI du *Paradiso*. Il s'agit d'une part de la thèse selon laquelle le langage est naturel à l'homme, et d'autre part de la doctrine anthropologique qui affirme le caractère éphémère et changeant des activités et des œuvres humaines, à laquelle il est fait référence à deux reprises. D'abord, Dante fait allusion à l'impermanence, dans un langage proche de la philosophie scolaire, lorsqu'il dit qu'aucun effet raisonnable, c'est-à-dire aucune œuvre de la raison humaine, n'est permanent, mais ensuite, vers la fin de notre citation, Dante évoque l'image des feuilles qui tombent. Cette deuxième image est une reprise d'un passage d'Horace[3] que Dante cite déjà dans le *Banquet*, où il dit : « De nombreux vocables renaîtront, qui avaient jadis disparu »[4]. Une conséquence significative découle de cette doctrine de l'éphémère et

---

1. *Inf.*, XXXI, 76-81, Inglese, p. 364-365 : « Poi disse a me : "Elli stessi s'accusa ; / questi è Nembrotto per lo cui mal cóto / pur un linguaggio nel mondo non s'usa. / Lasciàllo stare e non parliam a vòto : / ché così è a lui ciascun linguaggio / come 'l suo ad altrui, ch'a nullo è noto" ».

2. Dans *Purg.*, XII, 34-36 il est également question de Nimrod. Voir aussi *DVE*, I, VI, 4-5, qui traite de la construction de la tour de Babel.

3. *Ars poetica* 60-61 et 70-71 : « Ut silvae foliis pronos mutantur in annos, / prima cadunt ; ita verborum vetus interit aetas […] que nunc sunt in honore vocabula, si volet usus ».

4. *Conv.*, II, XIII, 10, Fioravanti, p. 312, Bec, p. 240 : « Molti vocabuli rinasceranno che già caddero ».

de la caducité, elle est ici illustrée par le nom de Dieu : selon Dante, le premier nom de Dieu était I ; ce n'est que plus tard que les hommes ont appelé Dieu El. Il en résulte que la langue d'Adam n'était pas l'hébreu, mais une autre langue qui, comme le précise le texte lui-même, a ensuite disparu. Nous verrons plus loin tout ce que ces déclarations impliquent. Mais ce qui nous intéresse particulièrement dans ce passage du texte, c'est le lien avec le premier écrit de Dante sur la langue vernaculaire, *De vulgari eloquentia*, car dans cette œuvre, il a examiné et discuté en détail, dans le contexte d'un traité scientifique, tous les thèmes auxquels il fait ici allusion.

a) *« L'homme est l'être vivant le plus inconstant et le plus instable »*

En lisant le discours d'Adam, nous avons rencontré la doctrine de l'impermanence et de la caducité des œuvres humaines. J'ai déjà dit que Dante avait également énoncé cette doctrine dans le *De vulgari eloquentia*, en essayant cette fois de la justifier philosophiquement. Cette justification livre en outre un exemple parlant d'une application originale d'un principe scolastique à un domaine tout à fait nouveau, une démarche qui nous montre cette particularité de la méthode de travail de Dante, que Zygmunt Baranski a qualifiée avec justesse de syncrétisme tout à fait personnel[1]. Dans le neuvième chapitre du traité *De vulgari eloquentia*, il s'agit d'expliquer « pourquoi le tout premier idiome a subi une variation tripartite »[2]. Pour ce problème d'histoire

---

1. Z. Baranski, « Dante *poeta* e *lector* : poesia e riflessione tecnica », *Critica del testo*, XIII, 2010, p. 81-110, *cf.* également : *Dante e i segni. Saggi per una storia intellettuale di Dante Alighieri*, Napoli, Liguori, 2000.

2. *DVE*, I, ix, 4, Tavoni, p. 1218.

linguistique, Dante trouve une justification philosophique dont le modèle est à chercher dans la tradition scolastique : « Nous disons donc que nul effet, en tant qu'il est effet, ne dépasse sa propre cause »[1].

Dante se réfère ici à un principe que l'on retrouve régulièrement dans la théologie ou la philosophie scolastique et qui est valable aussi bien en métaphysique qu'en physique. Thomas d'Aquin, par exemple, dit : « L'effet ne peut pas s'étendre plus loin que la cause »[2]. Ce qui me semble intéressant, c'est le fait que Dante applique ici ce principe physique et ontologique général au discours de l'homme, en l'interprétant comme quelque chose produit par l'homme. L'homme est un être fini et sujet au changement, c'est pourquoi ce qu'il produit et réalise est, comme lui, changeant. Il est facile de constater que le discours d'Adam reprend cette réflexion sous une forme résumée lorsque nous y lisons qu'aucun « effet raisonnable » (*effetto razionabile*) n'a jamais été durable.

À l'aide du principe scolastique mentionné, Dante montre ensuite dans le *De vulgari eloquentia* que la multiplication des langues n'est pas le produit du simple hasard, mais correspond à une certaine structuration de la réalité et reflète en plus la nature de l'homme :

> Nous disons donc que nul effet, en tant qu'il est effet, ne dépasse sa propre cause, puisque nulle chose ne peut produire ce qu'elle n'est pas. Puisque toute langue qui est nôtre – mis à part celle qui fut concréée par Dieu pour le premier homme – a été refaite selon notre bon plaisir

---

1. *DVE*, I, ix, 6, Tavoni, p. 1220, traduction, p. 115. Pour les sources de cette doctrine *cf.* le commentaire Imbach-Suarez, p. 111 ; mais aussi *Conv.*, II, iv, 14 ; *Mon.*, II, vi, 1 und III, xiii, 6.

2. Thomas d'Aquin, *ScG*, I, c. 43, n. 366 : « effectus non potest extendi ultra suam causam ».

après confusion qui ne fut rien d'autre que l'oubli du
parler précédent, et puisque l'homme est l'animal le plus
instable et le plus enclin à la variation, aucun parler ne
peut être durable et permanent, mais il faut bien qu'il
varie, comme tout ce qui est nôtre, par exemple les mœurs
et les coutumes, selon l'éloignement dans l'espace et le
temps[1].

Bien que ces réflexions exigeraient un commentaire
détaillé, je me contente de faire deux remarques :

L'homme est ici décrit comme un être soumis au
changement temporel. La formulation latine est très
parlante : « instabilissimum atque variabilissimum animal ».
Il me semble qu'à cet endroit, Dante ne donne pas une
valeur négative à cette constatation générale. Il y a dans
la tradition occidentale d'inspiration gréco-chrétienne une
fixation sur l'immuabilité, qui suppose que, plus une chose
est immuable, plus elle est parfaite et noble. Lorsque Dante
dit que « ce qui nous appartient » (« que nostra sunt »),
c'est-à-dire les mœurs, les coutumes et tout ce que l'homme
produit, doit changer, il ne se joint pas au *lamento* courant
sur la mutabilité, mais il retient quelque chose qui doit
servir de point de départ à la réflexion. Il pense qu'il ne
faut pas s'étonner que l'on parle aujourd'hui à Pavie une
langue que les anciens habitants ne pouvaient pas

---

1. *DVE*, I, ix, 6, Tavoni, p. 1220-1222, traduction, p. 115-117 :
« Dicimus ergo quod nullus effectus superat suam causam in quantum
effectus est, quia nil potest efficere quod non est. Cum igitur omnis nostra
loquela, preter illam homini primo concreatam a Deo, sit a nostro
beneplacito reparata post confusionem illam que nil aliud fuit quam
prioris oblivio, et homo sit instabilissimum atque variabilissimum animal,
nec durabilis nec continua esse potest ; sed sicut alia que nostra sunt,
puta mores et habitus, per locorum temporumque distantias variari
oportet ».

comprendre[1]. Ce constat lui permet également d'expliquer rationnellement le mythe biblique de la confusion des langues à Babylone : la multiplication des langues ne nécessite pas d'intervention divine, elle découle de la constitution de l'homme. Au début du traité *De vulgari eloquentia* I, ix, Dante s'exprime très clairement à ce sujet : en voulant expliquer l'origine des nombreuses langues, il s'engage dans un domaine d'étude qui n'a pas encore été exploré et pour lequel aucune autorité n'est disponible. Il s'agit donc de mettre la raison à l'épreuve[2].

Dans le discours d'Adam de la *Commedia*, Dante a poussé le raisonnement jusqu'au bout. À la question de savoir quelle langue parlait Adam, Dante répond dans le *De vulgari eloquentia* que c'était l'hébreu et que Dieu l'avait implanté en Adam lors de sa création. Une lecture attentive du texte de la *Commedia*, nous montre que la conception de Dante a évolué. En effet, il pense (environ 12 ans plus tard) que non seulement la langue est une création de l'homme (« l'idioma ch'usai e che fei »), mais qu'Adam a inventé une langue qui a ensuite disparu (« la langue que je parlais fut entièrement éteinte »). Elle était éphémère, comme tout ce qui est humain est éphémère. Cela est illustré par le nom de Dieu, comme nous l'avons déjà rappelé. Dans le *De vulgari eloquentia*, il est explicitement indiqué que le premier mot prononcé par Adam était El, c'est-à-dire le nom de Dieu en hébreu. Dans *Paradiso* XXVI, Dante invente un mot, I, qui signifie Dieu dans la langue d'Adam.

---

1. *DVE*, I, ix, 7, Tavoni, p. 1224.
2. *DVE*, I, ix, 1, Tavoni, p. 1212.

b) « À l'homme seul est donné le langage »

Comme nous l'avons mentionné, Dante veut démontrer la thèse selon laquelle, de tous les étants, seul l'homme possède le langage : « soli homini datum est loqui »[1]. Il convient de passer brièvement en revue la démonstration de Dante (*De vulgari eloquentia*, I, II et III) qui repose sur trois prémisses.

Le premier de ces présupposés consiste en une conception hiérarchique de la réalité, selon laquelle l'homme se situe, d'un côté, entre les anges, en tant que substances purement spirituelles, et, de l'autre côté, les animaux. Dans la *Monarchia*, cette situation est exprimée par l'image de l'horizon : l'homme est en quelque sorte l'horizon entre le monde inférieur et le monde supérieur[2].

La conception de Dante de l'ordre cosmique fournit la deuxième condition : il faut partir du principe que dans l'univers ordonné, chaque chose occupe la place qui lui revient et accomplit l'activité qui lui incombe selon la finalité de l'ensemble. L'idée que la nature ne réalise rien en vain domine l'argumentation suivante :

> Celui-ci est notre premier vrai parler. Je ne dis pas « notre » au sens où il y aurait un parler autre que celui de l'homme. À l'homme seul parmi tous les êtres il fut en effet donné de parler, puisque à lui seul cela fut nécessaire (2) Ni aux anges, ni aux animaux inférieurs, parler ne fut

1. *DVE*, I, II, 1, Tavoni, p. 1138.
2. *Mon.*, III, XVI, 3, Quaglioni, p. 1392-1394 : « Ad huius autem intelligentiam sciendum est, quod homo solus in entibus tenet medium corruptibilium et incorruptibilium ; propter quod recte a phylosophis assimilatur orizonti, qui est medium duorum emisperiorum ». *Cf.* Thomas d'Aquin, *ScG*, II, 68, n. 1453 : « Et inde est quod anima intellectualis dicitur esse quasi quidam horizon et confinium corporeum et incorporeum ». Voir aussi *ScG*, IV, 55, n. 3936.

nécessaire : cela leur aurait été donné en vain, ce que, indubitablement la nature a horreur de faire[1].

« Quod nempe facere natura aborret », cette formulation est une libre imitation d'un principe aristotélicien sur lequel repose toute l'argumentation : « natura nihil facit frustra » (*De anima*, III, 9, 432b21-23). Dans ce passage, le Stagirite affirme que dans la nature, rien de nécessaire ne manque et rien de superflu ne se produit[2]. Dante a interprété la conception aristotélicienne de la nature dans le sens d'une rationalité parfaite de la réalité qui s'inscrit dans une direction théologique, en interprétant Dieu comme la source rationnelle de cette réalité, dans laquelle tout possède sa place et sa fonction. Dante intègre à plusieurs reprises dans son argumentation, qui demeure implicite, le principe d'économie (aussi appelé le « rasoir d'Ockham »), lorsqu'il affirme que la nature évite ce qui n'est pas nécessaire. Nous rencontrons également ce principe dans les vers de *Paradiso* VIII, 113-114, où Dante s'entretient avec Charles Martel :

E io : « Non già ; ché impossibil veggio / che la natura, in quel ch'è uopo, stanchi »[3].

1. *DVE*, I, ɪɪ, 1, Tavoni, p. 1138, traduction p. 75-77 : « Hec est nostra vera prima locutio. Non dico autem "nostra", ut et aliam sit esse locutionem quam hominis ; nam eorum que sunt omnium soli homini datum est loqui, cum solum sibi necessarium fuerit. (2) Non angelis, non inferioribus animalibus necessarium fuit loqui, sed nequicquam datum fuisset eis : quod nempe facere natura abhorret ».
2. Cf. *Conv.*, III, xv, 8–9, Fioravanti, p. 502 (où l'on trouve deux fois la formulation « la Natura l'averebbe fatto idarno »). La formulation se trouve chez Thomas : vgl. *Sententia Libri Politicorum*, Editio Leonina, XLVIII, Rom 1971, p. A 78b.
3. *Par.*, VIII, 113–114, Inglese, p. 122, Berthier, p. 745. Vgl. *Questio*, XVIII, [44], Rinaldi, p. 720-722 : « Natura universalis non frustratur suo fine ».

> Et moi : « Non ! car je vois impossible / que la nature en
> ce qui est nécessaire fléchisse ».

Cette conception à la fois optimiste et rationnelle de
la réalité est à l'œuvre lorsque Dante tente de démontrer,
dans le chapitre 2 du *De vulgari eloquentia*, la vaste thèse
selon laquelle seul l'homme est un être capable de parler.
Tant l'arrière-plan métaphysique – une confiance
fondamentale et inébranlable dans l'ordre rationnel du réel
– que les conséquences anthropologiques qui en découlent
caractérisent dans une large mesure la pensée de Dante et
donc sa philosophie.

En troisième lieu, il faut attirer l'attention sur la
conception que Dante a du langage :

> Si en effet nous examinons ce à quoi nous tendons lorsque
> nous parlons, il est clair que ce n'est rien d'autre que de
> faire connaître aux autres ce qui est conçu en notre esprit[1].

Cette interprétation, qui met l'accent sur la relation à
l'autre en tant que destinataire, est fondamentale pour
Dante. Son origine remonte à Platon et est largement
répandue au XIIIᵉ siècle. Dante a probablement repris cette
conception directement à Thomas d'Aquin. Il convient
cependant de rappeler ici que cette compréhension de la
fonction du langage présuppose à son tour le triangle
sémantique dessiné par Aristote dans ce fameux passage
qui peut être considéré comme le pilier de toute la conception
médiévale du langage : le langage est l'expression de la
pensée qui, à son tour, reproduit la réalité d'une certaine

---

1. *DVE*, I, ɪɪ, 3, p. 1140, traduction p. 77 : « Si enim perspicaciter
consideramus quid cum loquimur intendamus, patet quod nihil aliud
quam nostre mentis enucleare aliis conceptum ».

manière. Je rappelle ce texte dont l'importance historique est essentielle :

> Les sons émis par la voix sont les symboles des modifications de l'âme, et les mots écrits les symboles des mots émis par la voix. Et de même que l'écriture n'est pas la même chez tous les hommes, les mots parlés ne sont pas non plus les mêmes, bien que les modifications de l'âme dont ces expressions sont les signes immédiats soient identiques chez tous, comme sont identiques aussi les choses dont ces modifications sont les images[1].

Enfin, la tradition a également hérité d'Aristote l'idée selon laquelle le langage humain repose sur une convention :

> Et c'est proprement ce signe qui est le sujet noble dont nous parlons : il est en effet quelque chose de sensible, pour autant qu'il est son ; il est rationnel, pour autant qu'il signifie quelque chose à plaisir[2].

L'opposition entre les concepts communs à tous les hommes (décrits ici comme des expériences de l'âme) et les signes linguistiques fondés sur une convention est décisive. Comme nous l'avons vu, Dante met l'accent sur le processus de l'imposition des signes (si ce mode d'expression est autorisé), c'est-à-dire de l'association d'un concept mental à un signe, en historicisant ce processus. Il est bien sûr très instructif d'observer comment les penseurs médiévaux associent la tradition philosophique

---

1. Aristote, *De l'interprétation*, 1, 16a, traduction de J. Tricot modifiée.
2. *DVE*, I, III, 3, Tavoni, p. 1152–1154, traduction p. 83 : « Hoc equidem signum est ipsum subiectum nobile de quo loquimur : nam sensuale quid est, in quantum sonus est ; rationale vero, in quantum aliquid significare videtur ad placitum ». *Ad placitum* est ici traduit « à plaisir », ce qui ne me paraît pas entièrement satisfaisant. Je crois qu'il est préférable de traduire « par convention ». Voir l'importante explication de Rosier-Catach dans la traduction, p. 260-262.

aux récits bibliques. Nous ne pouvons cependant pas nous attarder sur cette problématique.

Sur la base de ces prémisses, la réflexion de Dante se déroule en deux étapes : D'abord, il montre que le langage n'est pas nécessaire pour les anges et les animaux (chapitre ii) ; ensuite, il démontre que le langage est nécessaire pour les hommes (chapitre iii). Dante s'oppose à la majeure partie de la tradition théologique en affirmant qu'il n'est pas opportun d'exiger un langage des anges. Pour la communication de leurs pensées, leur intellect, ou alors la vision de la pensée d'autrui dans l'intellect divin, suffit.

Certes, Dante ne nie nullement la possibilité d'une communication des anges, mais il refuse d'appeler cette transmission des pensées un langage (*locutio*), car selon lui, parler implique nécessairement un signe perceptible par les sens. Dante réserve donc le terme de langage à cette communication au moyen de signes à la fois perceptibles par les sens et compréhensibles par la raison. Et il justifie cette double détermination des signes :

> Puisque donc l'homme n'est pas mû par l'instinct de nature mais par la raison, et que cette raison elle-même se diversifie en chaque individu selon le discernement, le jugement ou le choix, au point que presque chacun semble constituer sa propre espèce, aucun homme, pensons-nous, ne peut en comprendre un autre par les actes et les passions qui lui sont propres, comme cela se passe chez les bêtes. Aucun ne peut non plus pénétrer en l'autre par une contemplation spirituelle, comme chez les anges, car l'esprit humain est recouvert par l'écran de son corps mortel.
> (2) Il fallut donc que le genre humain ait, pour communiquer entre soi ses pensées, un signe rationnel et sensible. Il fallut que le signe soit rationnel, puisqu'il

devait partir d'une raison et arriver à une autre. Il fallut qu'il soit sensible, puisque rien ne peut se transmettre d'une raison à une autre sinon par un moyen sensible. C'est pourquoi, s'il était seulement rationnel, il ne pourrait se transmettre ; s'il était seulement sensible, il n'aurait rien pu recevoir de la raison ni rien déposer dans la raison[1].

Chez les animaux, la situation est différente. Les animaux d'une même espèce ont des actions et des réactions identiques et déterminées, de sorte qu'une communication minimale est garantie par cette identité. Si donc les animaux comme les anges n'ont pas besoin de langage, comment peut-on démontrer la nécessité du langage chez les humains ? La condition corporelle empêche la transparence intellectuelle, qui est présupposée chez les anges. En revanche, les actions et les réactions humaines ne sont pas purement instinctives, comme chez les animaux, mais dépendent de la raison. « Homo […] ratione movetur », cela signifie que l'action humaine implique une interaction entre la connaissance et la volonté. Cela présuppose en outre la liberté, de sorte qu'un homme ne peut pas prévoir ni deviner

---

1. *DVE*, I, iii, 1–2, Tavoni, p. 1148–1150, traduction p. 81-83 : « Cum igitur homo, non nature instinctu, sed ratione moveatur, et ipsa ratio vel circa discretionem vel circa iudicium vel circa electionem diversificetur in singulis, adeo ut fere quilibet sua propria specie videatur gaudere, per proprios actus vel passiones, ut brutum animal, neminem alium intelligere opinamur. Nec per spiritualem speculationem, ut angelum, alterum alterum introire contingit, cum grossitie atque opacitate mortalis corporis humanus spiritus sit obtectus. (2) Oportuit ergo genus humanum ad comunicandas inter se conceptiones suas aliquod rationale signum et sensuale habere : quia, cum de ratione accipere habeat et in rationem portare, rationale esse oportuit ; cumque de una ratione in aliam nichil deferri possit nisi per medium sensuale, sensuale esse oportuit. Quare, si tantum rationale esset, pertransire non posset ; si tantum sensuale, nec a ratione accipere, nec in rationem deponere potuisset ».

les pensées d'un autre. La liberté d'une part et la corporéité d'autre part rendent donc le langage nécessaire pour la communication entre les hommes. Dante comprend ainsi le langage comme un échange de pensées au moyen de signes sensibles et rationnels qui découle de la position de l'homme, qui se trouve entre l'ange et l'animal, et de sa condition d'animal rationnel : « rationale signum et sensuale ».

Dante reprend de la tradition cette double définition du langage comme signe sensible capable de transmettre la pensée d'un homme à un autre, et il présuppose ainsi la conception augustinienne du signe. Avec le triangle sémantique mentionné précédemment, cette conception du signe d'Augustin est en quelque sorte le deuxième pilier sur lequel repose la théorie linguistique médiévale. Je me permets de rappeler également cette conception. Le signe est quelque chose de sensible qui renvoie à quelque chose d'autre : le signe est ce qui s'offre lui-même aux sens et qui, en outre, montre quelque chose à l'âme[1]. Malgré ces références claires à la tradition, Dante développe, à mon avis, une doctrine originale et indépendante.

Le langage des hommes n'est pas seulement, comme cela semble parfois être le cas chez Thomas et dans la tradition, une forme de communication plus imparfaite comparée à la transparence des purs esprits, mais il est interprété positivement comme la possibilité de communication entièrement appropriée et spécifique à l'homme. La parole est « un acte si magnifique du genre humain »[2]. C'est le premier acte qu'Adam a accompli

1. Augustinus, *De dialectica*, V, transl. B. Darrell, ed. J. Pinborg, Dordrecht-Boston, Reidel, 1975, p. 86 : « Signum est quod et se ipsum sensui et praeter se aliquid animo ostendit ».
2. Vgl. *DVE*, I, IV, 3, Tavoni, p. 1158 : « tam egregius actu(s) humani generis ».

après sa création, et Dante ne cesse de souligner que le langage est l'expression et l'accomplissement de la rationalité humaine, comme le prouve encore une fois le passage suivant du *Convivio* : « Il faut donc savoir que, parmi les êtres vivants, seul l'homme parle et a des comportements et des actes que l'on dit rationnels, parce qu'il est seul à être doté de raison »[1].

Est-il donc étonnant qu'Adam se soit réjoui de la réalisation de son premier acte de parole, comme l'homme en général se réjouit de l'accomplissement de ses actes lorsqu'ils sont conformes à l'ordre de la nature :

> Bien que Dieu ait eu la science, et même la prescience (ce qui est identique chez Dieu), de la pensée du premier locuteur sans qu'il parle, il voulut pourtant qu'il parle, afin que soit glorifié dans le déploiement d'un si grand don celui-là qui avait fait ce don gracieusement. Aussi devons-nous croire que le bonheur que nous avons à exercer nos capacités de façon ordonnée est en nous par la volonté divine[2].

Cet épanouissement de soi dont l'homme est capable est voulu par Dieu. Toutefois, et nous touchons là un aspect particulièrement profond de la pensée de Dante, cette joie de l'accomplissement de l'acte est encore plus grande lorsqu'elle est accompagnée d'une réponse d'autrui. La communication humaine atteint sa perfection lorsqu'au fait de parler correspond le fait d'entendre et d'être entendu.

---

1. *Conv.*, III, VII, 9, Fioravanti, p. 426, traduction, p. 271 : « Onde è da sapere che solamente l'uomo intra li animali parla, ed ha reggimenti e atti che si dicono razionali, però che solo elli ha in sé ragione ».
2. *DVE*, I, V, 2, Tavoni, p. 1168, traduction, p. 91 : « licet Deus sciret, ymo presciret (quod idem est quantum ad Deum) absque locutione conceptum primi loquentis, voluit tamen et ipsum loqui, ut in explicatione tante dotis gloriaretur ipse qui gratis dotaverat. Et ideo divinitus in nobis esse credendum est quod in actu nostrorum affectuum ordinato letamur ».

Dante l'a exprimé dans une phrase tout à fait étonnante :
« Nous croyons en effet que, pour l'homme, être perçu est
plus humain que percevoir, pour autant qu'il est perçu et
perçoit en tant qu'homme »[1].

Il n'est pas facile de saisir toute la richesse de cet
énoncé. Un passage de la *Vita Nuova*, le premier écrit de
Dante, donne peut-être une indication pour la comprendre.
Dans cet écrit, qui narre la mort de Béatrice, il est décrit
comment Dante erre, désespéré, dans Florence :

> Aussi, m'avisant de mon tourment, je levai les yeux pour
> voir si l'on me voyait. Alors je vis une noble dame, jeune
> et fort belle, qui d'une fenêtre me regardait si miséricor-
> dieusement en apparence, que toute pitié me semblait
> recueillie en elle[2].

Dante se demande s'il est vu. Et voilà que le fait d'être
vu apporte un réconfort, confirmant ainsi que le fait d'être
perçu est plus humain que la seule perception. La joie
d'être entendu dans le cas de la parole est d'autant plus
remarquable que les signes linguistiques sont, comme le
souligne Dante, l'expression de la pensée, de sorte que la
joie de savoir que quelqu'un nous entend est en même
temps une joie spirituelle qui accompagne ce que Dante

---

1. *De vulgari eloqentia* I, v, 1, Tavoni, p. 1166, traduction, p. 89 :
« Nam in homine sentiri humanius credimus quam sentire, dummodo
sentitur et sentat tanquam homo ». Dante utilise le terme *sentire* qui
englobe toutes les sensations donc également la vue et l'ouïe.

2. *Vita Nova* 24 (XXXIV), Gorni, p. 1020-1022, Bec, p. 75 (le passage
complet) : « Poi per alquanto tempo, con ciò fosse cosa che io fosse in
parte nella quale mi ricordava del passato tempo, molto stava pensoso,
e con dolorosi pensamenti, tanto che mi faceano parere di fore una vista
di terribile sbigottimento. [2] Onde io, accorgendomi del mio travagliare,
levai li occhi per vedere se altri mi vedesse. Allora vidi una gentil donna
giovane e bella molto, la quale da una finestra mi riguardava sì pietosamente
quanto a la vista, che tutta la pietà parea in lei accolta ».

lui-même appelle dans notre texte « l'échange amical » (*amicabile commertium*). Et le fait que quelqu'un nous comprenne lorsque nous parlons fait sans aucun doute partie des merveilles de l'existence humaine. Parce que l'homme, en raison de sa nature qui le rend capable de parler, est orienté vers la communication, le fait d'être perçu et entendu doit être qualifié de plus « humain » que la simple perception[1].

Jusqu'à présent, nous avons traité des exemples de passages explicitement philosophiques dans l'œuvre de Dante. Je voudrais maintenant traiter deux exemples qui montrent comment la philosophie est présente dans l'élaboration et la création de la *Commedia*.

III. EXEMPLES DE PRÉSENCE DE LA PHILOSOPHIE DANS LA *COMÉDIE*

a) Enfer *XI*

Le chant XI de l'*Enfer* joue une fonction exceptionnelle dans la construction et la structure de l'*Enfer*, puisque c'est dans ce chant que la portée morale de la topographie de ce lieu est expliquée. Dante fournit ici la clé de la compréhension éthique de l'enfer, dans la mesure où il constitue une partie de son œuvre et représente un lieu

---

1. *Cf.* à ce propos le passage étonnant de Thomas d'Aquin, *De regno ad regem Cypri*, c. 1, Editio Leonina, t. XLII, Roma 1979, p. 450a : « Hoc etiam euidentissime declaratur per hoc, quod est proprium hominis locutione uti, per quam unus homo aliis suum conceptum totaliter potest exprimere. Alia quidem animalia exprimunt mutuo passiones suas in communi, ut canis in latratu iram, et alia animalia passiones suas diversis modis. Magis igitur homo est communicatiuus alteri quam quodcumque aliud animal, quod gregale uidetur, ut grus, formica et apis. Hoc ergo considerans Salomon ait : *melius est esse duos quam unum ; habent enim emolumentum mutuae societatis* ».

symbolique. Au cœur du chant se trouve un entretien didactique entre Virgile et Dante, qu'il faut examiner d'un peu plus près. Je voudrais d'abord me pencher sur le déroulement de la conversation. La puanteur du lieu où ils sont arrivés est telle qu'ils doivent faire une halte. C'est ainsi que commence la conversation :

Virgile, v. 10-12 : raison de l'arrêt[1] :

> « Il nous faut descendre lentement,
> afin que d'abord l'odorat s'habitue un peu
> à la triste odeur, et puis s'en aperçoive plus ».

Virgile, v. 13-15 : proposition d'une discussion :

> Ainsi mon maître. Et moi : « Il faut une compensation,
> lui dis-je, afin que le temps ne soit pas
> perdu. » […]

Virgile, v. 15-66 : explication de l'enfer intérieur :

> […] Et lui : « Voici, que j'y pense
> mon fils. Au centre de ces roches,
> commença-t-il à dire, sont trois cercles plus étroits
> de degré en degré, comme ceux que tu laisses ».

Dante, v. 67-75, compliment de Dante et nouvelle requête d'explication :

> Et moi : « Maître, très clairement procède
> ton raisonnement, et il distingue très bien
> cet abîme et la foule qu'il renferme.
>
> Mais dis-moi, ceux du marais gluant,
> ceux que le vent mène ou que bat la pluie,
> ou qui se rencontrent avec un si âpre langage,

---

1. Pour le texte français de ce qui suit *cf.* Berthier, p. 142-146 ; pour l'original italien voir Inglese, p. 156-162.

> pourquoi n'est-ce point dans la cité rouge
> qu'ils sont punis, si Dieu est irrité contre eux ?
> et s'il ne l'est pas, pourquoi sont-ils traités ainsi ? »

Virgile, v. 76-90 : Explication de la structure de l'enfer :

> Et lui à moi : « Pourquoi délire à ce point
> ton esprit, dit-il, contre sa coutume ?
> ou bien serait-ce que ta pensée regarde ailleurs ? » […]

> « Si tu regardes à cette sentence
> et te remets en mémoire quels sont ceux
> qui là-haut subissent leurs punitions

> tu verras bien pourquoi de ces félons-ci
> ils sont séparés, et pourquoi d'un moindre courroux
> la divine justice les accable ». (v. 76-78, 85-90)

Dante, v. 91-96 : remerciement de Dante et nouveaux doutes :

> « O soleil qui guérit toute vue trouble
> tu me rends si content par tes solutions,
> que douter m'est aussi agréable que savoir ». (v. 91-93)

Virgile, v. 97-115 : explication de la nature de l'usure :

> « La Philosophie, me dit-il, pour qui l'entend,
> note, et non point seulement en un endroit,
> comment la nature prend son cours

> de la divine intelligence et de son art ;
> et, si tu lis bien ta *Physique*,
> tu trouveras, après bien peu de pages,

> que votre art, autant qu'il le peut,
> suit celle-là, comme le disciple son maître :
> de sorte que votre art est à Dieu comme un petit-fils ».

Il s'agit manifestement d'un dialogue, dont le déroulement est clairement indiqué dans le texte lui-même. Nous pouvons parler d'un entretien, dont les rôles sont bien définis. Dante est celui qui interroge, il suscite la discussion et l'anime par des questions supplémentaires, il loue et remercie le *maestro*, puisque c'est par ce terme qu'il désigne et interpelle ici Virgile. Le contenu de la conversation est pensé et structuré de manière très précise : elle commence par l'explication de la signification morale et topographique du lieu où ils se rendent tous les deux, elle se poursuit par une interprétation globale de l'enfer comme lieu des conséquences des mauvaises actions et se termine par la discussion d'un problème particulier concernant l'enfer intérieur (l'usure).

En ce qui concerne l'argumentation et la doctrine, il suffit de mentionner les points suivants. Conformément au caractère symbolique de son personnage, Virgile donne ici une interprétation exclusivement philosophique des mauvaises actions et leurs punitions : Dante le confirme au vers 67 (« Maestro, ed assi chiara procede / la tua ragione ») et encore plus clairement aux vers 91-93, où l'image du soleil guérissant la cécité est utilisée.

L'affirmation selon laquelle le contenu de ce chant est philosophique est en outre confirmée par les sources et les autorités explicites et implicites sur lesquelles s'appuient les explications de Virgile : l'explication de l'enfer intérieur repose clairement (sans référence explicite) sur une distinction de Cicéron, *De officiis* I, 13, où le penseur antique distingue deux types d'*iniuria* (*aut vi aut fraude*). Dante reprend cette distinction dans les vers 22-24, et la déploie largement pour développer sur cette base tout un système de mauvaises actions par la fraude et la violence ;

toute la deuxième partie de la conversation repose en revanche sur une classification de *l'Éthique à Nicomaque* (VII, 1, 1145a16), clairement désignée dans le texte comme « la tua Etica » : *Circa mores fugiendorum tres sunt species, malicia, incontinencia et bestialitas.* Dante explique cela ainsi :

> Ne te souvient-il pas ces paroles
> par lesquelles ton *Éthique* traite
> des trois dispositions que le ciel ne veut pas :
>
> incontinence, malice et folle
> bestialité et comment l'incontinence
> offense moins Dieu et encore encourt moins de blâme[1].

Virgile explique toute la structure de l'enfer sur cette base philosophique. En ce qui concerne la troisième partie de la conversation, la condamnation de l'usure, elle repose sur le principe « l'art imite la nature » (*ars imitatur naturam*, *Phys.* II, II, 194a) ainsi que sur l'interprétation aristotélicienne de *l'usura*, mais on trouve ici un développement tout à fait autonome de l'argumentation. Il ne faut pas oublier que « la tua Fisica » (101) est explicitement mentionnée dans le chant. Nous sommes donc en présence d'un véritable enseignement avec une répartition précise des rôles, qui remplit dans la structure globale de la *Commedia* une fonction clairement définie et principalement didactique, dans la mesure où la tradition philosophique est utilisée comme fondement pour structurer toute la partie de l'œuvre, et cela de manière tout à fait originale. Nous avons ici un

---

1. *Inf.*, XI, 79-83, Inglese, p. 159-160, Berthier, p. 145 : « Non ti rimembra di quelle parole / con le quai la tua Etica pertratta / le tre disposizion che 'l ciel non vole : / incontenenza, malizia e la matta / bestialitade ? »

exemple qui montre à quel point la création poétique est directement guidée par la pensée philosophique.

b) Purgatoire *XVI-XVIII : la doctrine de l'amour*

Rien dans la *Comédie* n'est gratuit ou fortuit ; il s'agit d'une œuvre où tout est soigneusement pensé et l'œuvre reflète l'ordre de cette pensée. Il n'est donc pas surprenant que le chant XVI du *Purgatoire* qui se trouve au centre de l'œuvre aborde un thème vraiment capital dont dépend le sens même de tout le poème sacré. Dante y aborde le thème de la liberté. S'il est vrai que la *Comédie* est une œuvre de philosophie morale qui entend montrer à l'homme ce qu'il doit faire et ce qu'il doit éviter, dans ce cas il est évident que la liberté constitue le fondement de toute l'entreprise et de l'enseignement qui y est contenu. Dans ce chant XVI, Dante rencontre Marco Lombardo, un homme politique du XIIIe siècle :

> Je fus Lombard et appelé Marco
> je connus le monde et j'aimai la vertu
> vers laquelle personne n'a plus l'arc tendu[1].

Cette remarque incidente sur le déclin moral du temps présent donne à Dante l'occasion de formuler un doute : quelle est la cause de ce déclin, pourquoi aujourd'hui le monde va-t-il si mal ?

La réponse à cette interrogation permet à Marco de développer un discours sur le fondement du comportement moral des hommes. Avec une rigueur remarquable, Marco rejette toute forme de déterminisme, car la responsabilité de l'homme serait écartée s'il agissait par nécessité ou s'il

---

1. *Purg.*, XVI, 46-48, Inglese, p. 202, Berthier, p. 494 : « Lombardo fui e fu'chiamato Marco ; / del mondo seppi, e quel valore amai / al quale ha or ciascun disteso l'arco ».

était mû par quelque chose d'autre. D'où l'importante conclusion :

> Dès lors, si le monde présent se dévoie,
> en vous en est la raison, en vous cherchez-la.
> Et moi je vais te le montrer véritablement et de suite[1].

S'il n'y avait pas de libre arbitre, l'homme ne serait pas responsable et par conséquent, il n'y aurait de place ni pour le mérite ni pour la peine, pas de place non plus pour la justice. D'après la lettre XIII, l'homme en tant qu'être moral est le sujet de la *Comédie* selon le sens allégorique[2]. On saisit donc l'importance de cette affirmation de la liberté pour la cohérence et pour la structure interne de l'œuvre tout entière. Toutefois Dante complète dans les deux chants qui suivent l'affirmation de principe de la liberté, source de responsabilité, par la doctrine de l'amour. C'est Virgile, l'incarnation de la raison humaine, qui se charge d'exposer dans deux longues explications cette doctrine véritablement fondamentale. Au chant XVII, Dante demande à Virgile de lui parler de l'acédie, cette forme de tristesse qui paralyse l'homme dans son activité spirituelle et que Virgile caractérise à cet endroit comme un amour lent ou ralenti. Le poète latin saisit la chance pour peindre une véritable fresque du réel à partir de la notion d'amour :

---

1. *Purg.*, XVI, 82-84, Inglese, p. 205, Berthier, p. 495 : « Però, se l'mondo presente disvia, / in voi è la cagione, in voi si cheggia ; / e io te ne sarò or vera spia ».

2. *Epistola* XIII, VII [20], Azzetta, p. 346 : « Ad evidentiam itaque dicendorum sciendum est quod istius operis non est simplex sensus, ymo dici potest polisemos, hoc est plurium sensuum ; nam primus sensus est qui habetur per litteram, alius est qui habetur per significata per litteram. Et primus dicitur litteralis secundus vero allegoricus sive moralis <sive anagogicus> ».

> Ni le Créateur, ni aucune créature jamais,
> commença-t-il, ô mon fils, ne fut sans amour,
> ou naturel ou de raison et tu le sais bien[1].

En deux tercets Virgile affirme que l'amour est convertible avec l'être, ce qui signifie que tout être aime et donc que l'amour est universel, et il précise :

> Le naturel est toujours sans erreur :
> mais l'autre peut errer sur un objet mauvais
> ou par trop ou trop peu de vigueur[2].

Pour pouvoir affirmer l'universalité de l'amour, Dante distingue l'amour naturel de l'amour de raison (*amore d'animo*). Cette distinction entre un amour naturel et un amour spirituel, aussi appelé amour rationnel ou intellectuel permet à Dante, en même temps, de développer son éthique. En effet, l'amour spirituel peut se fourvoyer. Tout péché ou tout acte mauvais est un amour qui se trompe. Si nous voulons aller plus loin il convient de distinguer les deux aspects qui sont mis en évidence, à savoir l'universalité de l'amour et la dimension éthique de l'amour.

Pour ce qui est du premier aspect, un regard sur la philosophie de Thomas d'Aquin va nous permettre de mieux comprendre la démarche de Dante. Il y a plusieurs textes où Thomas insiste sur la dimension universelle de l'amour et où il explique qu'il convient de distinguer trois sortes d'appétits et par conséquent trois sortes d'amour[3].

---

1. *Purg.*, XVII, 91-93, Ingelese, p. 217-218, Berthier, p. 504 : « Né creator né creatura mai, – / cominciò el – figliuol, fu sanza amore / o naturale o d'animo : e tu 'l sai ».

2. *Purg.*, XVII, 94-96, Inglese, p. 218, Berthier, p. 505 : « Lo natural è sempre sanza errore, / ma l'altro puote errar per mal obietto / o per troppo o per poco di vigore ».

3. *ST* I-II, q. 26, art. 1.

Dans l'anthropologie thomasienne (et celle de Dante est ici thomiste) l'amour est à comprendre comme un appétit. Et pour saisir le sens de cette affirmation il faut distinguer les pouvoirs appréhensifs (intellect et sens) et les pouvoirs appétitifs. Thomas explique leur différence :

> L'opération de la faculté cognitive s'accomplit en ce que les choses connues existent dans l'être connaissant, tandis que l'opération de la faculté appétitive s'accomplit en ce que l'être qui désire se porte vers la chose désirable[1].

L'activité appétitive est donc toujours liée à un mouvement. Il est dès lors possible, comme nous l'avons dit, de distinguer trois types d'appétits ou d'amour. Par amour naturel il faut entendre l'inclination de l'être vers ce qui lui convient, ce qui convient à sa nature. Il donne l'exemple de la pesanteur : la connaturalité d'un corps lourd avec le lieu qui lui convient en vertu de sa pesanteur peut être appelé amour naturel[2]. L'amour sensible dont parle Thomas dans ce texte, contrairement à l'amour naturel, est stimulé par la perception de l'objet sensible qui le suscite. Cet appétit sensible se trouve chez les animaux comme chez l'homme. La perception d'un objet fait naître l'amour de tel objet et donne naissance au désir de le posséder.

---

1. *ST* I, q. 81, art. 1, traduction, p. 711 : « operatio virtutis apprehensivae perficitur in hoc, quod res apprehensae sunt in apprehendente ; operatio autem virtutis appetitivae perficitur in hoc, quod appetens inclinatur in rem appetibilem ».

2. *ST* I-II, q. 26, art. 1 : « In unoquoque autem horum appetituum, amor dicitur illud quod est principium motus tendentis in finem amatum. In appetitu autem naturali, principium huiusmodi motus est connaturalitas appetentis ad id in quod tendit, quae dici potest amor naturalis, sicut ipsa connaturalitas corporis gravis ad locum medium est per gravitatem, et potest dici amor naturalis ».

Thomas distingue un troisième appétit ou amour qui est plus complexe que les deux précédents dans la mesure où il n'est pas une simple réaction à une stimulation sensible mais implique un jugement libre. À partir de ces données, Thomas définit l'amour comme « le principe du mouvement qui tend vers la fin aimée » : *principium motus tendentis in finem amatum*[1]. Le terme « principe » doit ici être entendu au sens précis de ce qui est à l'origine, au commencement de quelque chose.

Si l'on compare à présent les doctrines de Dante à celles de Thomas, on peut constater qu'il y a concordance quant à l'universalité de l'amour. L'amour existe à tous les niveaux du réel. Cependant, Thomas distingue trois degrés, alors que Dante n'énumère que deux (naturel et spirituel). Il me semble incontestable que Dante a réuni sous un seul terme les deux premiers degrés de Thomas, en raison d'un trait commun. Dans les deux cas, aucune erreur n'est possible puisque la liberté n'intervient pas. Malgré une différence de terminologie, la doctrine des deux auteurs est comparable, comme le confirme un autre texte de Thomas :

> Toutes les natures ont en commun de posséder une certaine inclination qui n'est autre que l'appétit naturel ou amour. Cette inclination se retrouve sous divers modes selon la diversité des natures. Dans la nature intellectuelle il y a une inclination naturelle volontaire ; dans la nature sensible selon l'appétit sensible ; dans les natures sans connaissance une inclination correspondant leur ordre naturel vers autre chose qu'elles-mêmes[2].

1. *ST* I-II, q. 26, art. 1.
2. *ST* I, q. 60, art. 1, traduction, p. 562 : « Est autem hoc commune omni naturae, ut habeat aliquam inclinationem, quae est appetitus naturalis vel amor. Quae tamen inclinatio diversimode invenitur in diversis naturis,

Ayant affirmé de cette manière, à la suite de Thomas (et aussi d'Augustin) l'universalité de l'amour, Dante construit son éthique à partir de l'amour : il explique, en effet, que l'amour rationnel ou spirituel qui présuppose un choix, donc un acte de la volonté, peut se tromper de deux manières, soit en se trompant dans le choix de l'objet soit par un défaut du degré ou de l'intensité de l'amour.

À partir de cette distinction Dante déduit de manière très scolastique les sept péchés capitaux qui structurent la montagne du purgatoire. Ce qui importe est l'affirmation (v. 103-104) :

> De là tu peux comprendre qu'il faut trouver
> dans l'amour la semence pour vous de toute vertu
> et de toute action qui mérite une peine[1].

Cette thèse comporte deux éléments : d'abord Dante prétend que l'amour est à l'origine de toute action humaine et ensuite il affirme que l'amour constitue le critère véritable pour juger d'un point de vue éthique les actes de l'homme. La première composante de cette doctrine peut se ramener à une conception thomasienne :

> Tout agent agit pour une fin, nous l'avons dit. Or la fin
> est le bien désiré et aimé par chacun. Il est donc manifeste

---

in unaquaque secundum modum eius. Unde in natura intellectuali invenitur inclinatio naturalis secundum voluntatem ; in natura autem sensitiva, secundum appetitum sensitivum, in natura vero carente cognitione, secundum solum ordinem naturae in aliquid ». *Cf.* également *ST* I, q. 60, art. 1, ad 3 : « Ad tertium dicendum quod, sicut cognitio naturalis semper est vera ita dilectio naturalis semper est recta, cum amor naturalis nihil aliud sit quam inclinatio naturae indita ab auctore naturae. Dicere ergo quod inclinatio naturalis non sit recta, est derogare auctori naturae ».

1. *Purg.*, XVII, 103-105, Inglese, p. 219, Berthier, p. 505 : « Quinci comprender puoi ch'esser convene / amor sementa in voi d'ogni vertute / et d'ogne operazion che merta pene ».

que tout agent, quel qu'il soit, accomplit toutes ses actions en vertu d'un amour[1].

Il me semble toutefois que l'originalité de Dante réside dans la tentative d'ériger l'amour comme critère ultime de l'appréciation des actes humains. Il faut se souvenir que cette doctrine exposée par Virgile se situe sur un plan strictement rationnel et philosophique : avec des emprunts directs à la pensée de Thomas d'Aquin, Dante développe ici une philosophie de l'amour, plus exactement une éthique de l'amour qui n'est plus tout à fait celle de son inspirateur. Dante simplifie la doctrine thomasienne pour la rendre apte à être reçue par son public et à être exprimée par un langage poétique. L'amour selon Dante n'est pas seulement le moteur du dynamisme ontologique mais il devient la clé de voûte d'une éthique très cohérente.

Le chant XVIII du Purgatoire apporte deux compléments essentiels à la doctrine déjà riche de l'amour. D'abord Dante offre une description du phénomène de l'amour. Ensuite il approfondit l'explication de la dimension éthique de l'amour. Lorsque Virgile au début de ce chant, invite Dante à diriger « les yeux aigus de l'intellect » vers lui, on comprend bien que l'enseignement proposé se situe toujours sur un plan rationnel et philosophique. Cela est d'ailleurs confirmé : « ce que la raison voit ici-bas, / je puis te le dire » (v. 46).

---

1. *ST* I-II, q. 28, art. 6, traduction, p. 204 : « Respondeo dicendum quod omne agens agit propter finem aliquem, ut supra dictum est. Finis autem est bonum desideratum et amatum unicuique. Unde manifestum est quod omne agens, quodcumque sit, agit quamcumque actionem ex aliquo amore ».

L'amour est décrit par Dante comme un mouvement, plus exactement comme le premier moment d'un mouvement qui est causé par la perception d'un objet :

> Votre appréhensive d'un être vrai
> tire l'image, et en vous la déploie,
> tellement que vers soi elle retourne l'esprit.
>
> Et si retourné vers elle l'esprit se plie,
> ce repli est amour : c'est la nature
> qui par le plaisir de nouveau se lie[1].

Ces deux tercets distinguent d'abord entre l'âme et un objet qui est en dehors de l'âme, *esser verace* désigne un *ens reale*. Ensuite, Dante évoque un processus qui comporte plusieurs moments. Pour désigner le premier moment, la saisie de l'objet, il utilise le terme scolastique de l'*apprehensio* qui peut viser à la fois une perception sensible ou une saisie intellectuelle. Cette saisie produit une intention, et une nouvelle fois Dante se sert d'un terme technique pour exprimer la présence intelligible ou pour le moins immatérielle de l'objet dans l'âme (« da esser verace tragge intenzione »). Le plaisir que la saisie de cet objet engendre donne ensuite naissance à l'amour qui est la tendance du sujet vers l'objet. Or, l'amour né de la saisie de l'objet se transforme ensuite en désir comme il est dit explicitement au vers 31 : « ainsi l'âme éprise entre en désir » qui devient joie lorsque l'âme s'unit à l'objet qu'elle aime.

---

1. *Purg.*, XVIII, 22-27, Inglese, p. 223, Berthier, p. 511 : « Vostra apprensiva da esser verace / tragge intenzione, e dentro a voi la spiega / sì che l'animo ad esse volger face ; / e, s'e', rivolto, inver' di lei si piega, / quel piegar è amor, quell'è natura / che, per piacer, di novo in voi si lega ».

Dante distingue donc clairement dans ce passage l'appréhension, l'amour, le désir et la joie. Cette analyse du mouvement qui va de l'objet au sujet et du sujet vers l'objet reproduit très fidèlement la doctrine thomasienne de l'amour[1]. Thomas explique en effet comment l'amour naît de la perception de l'objet et il est donc, dans ce sens, une passion, à savoir une modification du sujet par un agent, mais que ce mouvement qui part de l'objet revient à son point de départ. On peut alors parler d'un cercle dans la mesure où le mouvement s'éloigne d'un point pour y revenir.

Il est tout à fait incontestable que cette analyse de Thomas a directement inspiré le chant XVIII du *Purgatoire* car nous ne trouvons pas seulement la séquence amour-désir-joie qui structure ce passage mais nous retrouvons, comme chez Thomas, la complaisance envers l'objet et le

---

1. *ST* I-II, q. 26, art. 2 : « Respondeo dicendum quod passio est effectus agentis in patiente. Agens autem naturale duplicem effectum inducit in patiens, nam primo quidem dat formam, secundo autem dat motum consequentem formam ; sicut generans dat corpori gravitatem, et motum consequentem ipsam. Et ipsa gravitas, quae est principium motus ad locum connaturalem propter gravitatem, potest quodammodo dici amor naturalis. Sic etiam ipsum appetibile dat appetitui, primo quidem, quandam coaptationem ad ipsum, quae est complacentia appetibilis ; ex qua sequitur motus ad appetibile. Nam appetitivus motus circulo agitur, ut dicitur in III *De anima*, appetibile enim movet appetitum, faciens se quodammodo in eius intentione ; et appetitus tendit in appetibile realiter consequendum, ut sit ibi finis motus, ubi fuit principium. Prima ergo immutatio appetitus ab appetibili vocatur amor, qui nihil est aliud quam complacentia appetibilis ; et ex hac complacentia sequitur motus in appetibile, qui est desiderium ; et ultimo quies, quae est gaudium. Sic ergo, cum amor consistat in quadam immutatione appetitus ab appetibili, manifestum est quod amor est passio, proprie quidem, secundum quod est in concupiscibili ; communiter autem, et extenso nomine, secundum quod est in voluntate ».

terme intention pour caractériser la présence immatérielle de l'objet dans l'âme.

Une fois de plus, nous pouvons assister à la genèse du texte de Dante : il s'inspire directement, dans ce cas, du texte de Thomas, mais il le traduit dans un autre langage, traduction dans un double sens du terme. Non seulement il traduit le latin scolastique en italien, mais il traduit également le langage scolastique en un discours d'allure poétique. En outre, la substance philosophique ne se perd pas dans ce processus de transformation.

Il faut cependant relever que Dante introduit deux moments polémiques dans son exposé : déjà au début du chant Virgile évoque les aveugles qui se font guides[1]. Un peu plus tard il devient clair qu'il s'agit de personnes qui répandent une fausse doctrine de l'amour : ce sont les gens qui prétendent que tout amour est louable[2]. Dante vise ici une conception de l'amour qui, insistant sur le caractère passionnel, en exclut toute dimension morale : ils disent en effet que tout amour est une valeur. Probablement, Dante ne vise pas seulement certains de ses amis et contemporains mais songe encore à une étape de son propre itinéraire lorsqu'il comprenait l'amour comme une force irrésistible qui domine entièrement l'homme. La figure tragique de Francesca da Rimini au chant V de l'*Enfer* incarne dans la *Comédie* cette doctrine où la passion domine la raison.

---

1. *Purg.*, XVIII, 18, Inglese, p. 223 : « l'error de' ciechi si fanno duci ».

2. *Purg.*, XVIII, 34-36, Inglese, p. 224 : « Or ti puote apparer quant'è nascosa / la veritade ala gente ch'avvera / ciascuno amore in sé laudabil cosa ».

D'un point de vue théorique on peut ici rappeler la description de l'amour passion par André le Chapelain dans son traité *De amore*. Ce qui compte dans la description précise qu'il donne de l'amour est d'abord qu'il insiste également sur la perception : l'amour est une passion qui procède de la vision de quelqu'un de l'autre sexe[1]. Mais ce qui importe est le fait que cette appréhension engendre un désir irrésistible : « super omnia cupit », dit l'auteur et il approche l'amour d'un état de captivité : attaché par les chaînes du désir, l'amoureux tente de capter l'aimée[2].

Virgile (et bien sûr Dante) rejette dans le *Purgatoire* une telle conception de l'amour passion. Sur ce point encore, la doctrine de Dante est assez précise puisqu'il distingue différents niveaux : d'abord la disposition naturelle de l'homme qui est un être capable d'aimer. Les appétits – sensible et intellectuel – sont orientés vers le bien et cette description quasi-transcendantale qui conditionne sa rencontre avec le réel[3], explique que par nature l'homme est attiré vers le bien. De cette disposition il faut distinguer la rencontre avec les différents biens, rencontre

1. Andreas Capellanus, *De amore*, I, cap. 1, éd. E. Trojel, dans R. Imbach, I. Atucha (éd.), *Amours plurielles*, Paris, Seuil, 2006, p. 162 : « Amor est passio quaedam innata procedens visione et immoderata cogitatione formae alterius sexus, ob quam aliquis super omnia cupit alterius potiri amplexibus et omnia de utriusque voluntate in ipsius amplexu amoris praecepta compleri ».

2. Andreas Capellanus, *De amore*, Capitulum III, éd. cit., p. 162 : « Dicitur autem amor ab amo verbo, quod significat capere vel capi. Nam qui amat, captus est cupidinis vinculis aliumque desiderat suo caper hamo ».

3. *Purg.*, XVIII, 19-21, Inglese, p. 223 : « L'animo, ch'è creato ad amar presto, / ad ogni cosa è mobile che piace, / tosto ch'e' dal piacere in atto è desto ».

qui fait naître l'amour dont le surgissement ne dépend pas du libre vouloir de l'homme :

> Ainsi supposons que par nécessité
> surgisse tout amour qui en vous s'allume,
> de le retenir il est en votre pouvoir[1].

Dante insiste donc sur le fait que l'amour surgit indépendamment de la volonté de l'homme. Et dans ce sens, il est précisément une passion. Cependant, Dante introduit une troisième dimension, celle de la liberté[2]. Dante veut dire que l'homme est libre face à l'amour et grâce à cette liberté l'amour acquiert une dimension éthique :

> Ceux qui par le raisonnement allèrent au fond
> reconnurent cette liberté innée :
> et ainsi ils laissèrent au monde une morale[3].

Il est dès lors tout à fait clair que l'amour est la clé de voûte de l'éthique qui présuppose la liberté :

> Là est le principe, de là se prend
> en vous la raison du mérite, selon
> que des amours bons ou mauvais elle accueille ou écarte[4].

---

1. *Purg.*, XVII, 70-72, Inglese, p. 227-228, Berthier, p. 513 : « Onde, pognam che di necessitate / surga ongi amor che dentro a voi s'accende, / di ritenerlo è in voi la podestate ». Voir aussi v. 43 : l'amour s'offre en dehors de nous.

2. Au v. 72 il est dit que l'homme peut retenir l'amour ; le v. 63 parle du consentement ; le v. 66 dit qu'il convient de choisir entre le bon et le mauvais amour. *Cf.* également les vers 73-75 : « La nobile virtù Beatrice intende / per lo libero arbitrio, e però guarda / che l'abbi a mente s'a parlar ten prende ».

3. *Purg.*, XVIII, 67-69 : « Color che ragionando andaro al fondo / s'accorser d'essa innata libertate : / però moralità lasciaro al mondo ».

4. *Purg.*, XVIII, 64-66, Inglese, p. 227, Berthier, p. 513 : « Quest'è il principio là onde si piglia / ragion di meritare in voi, secondo / che i buoni e rei amori accoglie e viglia ».

Amour et liberté sont donc complémentaires dans la pensée de Dante et dans cette complémentarité réside peut-être une certaine originalité de son approche de l'homme comme sujet moral. D'un côté il développe une ample doctrine de l'amour universel qui meut tout vers le bien et fonde l'ordre et l'harmonie du réel. Mais de l'autre côté, il adhère à une anthropologie qui s'organise autour de la liberté de l'homme : ce qui caractérise l'homme est sa liberté et parce qu'il est libre, il est un être responsable. Par cette liberté qui surgit au cœur de la doctrine de l'amour, on retrouve le projet de la *Comédie* qui est une œuvre de philosophie morale. La vision de l'homme que propose Dante à travers ces chants centraux est riche et complexe. Pour comprendre l'homme il faut tenir compte de ce qui est donné dans l'ordre de l'être et de la contingence de l'histoire individuelle ; mais ce qui élève l'existence humaine à la dignité de l'homme est la liberté. Elle lui confère en même temps une place unique dans la réalité : l'homme libre est le sujet, l'objet et le destinataire de la *Comédie.*

IV. LA DIMENSION POLITIQUE DE LA DOCTRINE DE L'INTELLECT ET LE FONDEMENT DE LA THÉORIE POLITIQUE

Avec son œuvre philosophique majeure, la *Monarchia*, rédigée en même temps que le *Paradiso*, Dante a l'intention d'apporter sa contribution personnelle et significative à la réflexion et à la réalité politiques. Cet écrit qui est, à mon avis, l'un des traités majeurs de la philosophie politique médiévale, s'ouvre d'ailleurs sur une argumentation fondamentale dont le potentiel philosophique est inestimable.

Il est difficile de dater avec précision la rédaction de la *Monarchia*, mais il est fort probable qu'elle ait coïncidé avec la campagne de Rome d'Henri VII (1310-1313). L'ouvrage s'ouvre sur une étude de la finalité « de la communauté universelle de l'espèce humaine ». Cette argumentation conduit à la prise de conscience qu'il doit y avoir une activité spécifique de l'ensemble des hommes :

> Il existe donc une opération propre à l'ensemble de l'humanité, à laquelle l'humanité entière est ordonnée, dans son innombrable multitude : une opération à laquelle ne sauraient parvenir ni l'homme pris individuellement, ni la famille seule, ni le village seul, ni la cité seule, ni un royaume particulier[1].

Dante parvient à cette conclusion en comparant l'homme aux animaux et aux anges, et comprend ainsi la « connaissance au moyen de l'intellect possible » (*intellectus possibilis*) comme l'activité spécifique propre à l'homme. L'homme est ainsi interprété comme un être capable de connaître (*intelligere*). Thomas d'Aquin, suivant la tradition aristotélicienne, a lui aussi compris la raison humaine comme cette faculté capable de tout connaître. Il a toutefois tenté de démontrer que la réalisation complète de cette faculté ne peut être atteinte qu'après la mort, dans l'au-delà, et avec l'aide de Dieu[2]. Certains contemporains de Thomas, des philosophes professionnels, estimaient au contraire que l'existence philosophique pouvait déjà conduire à cet accomplissement, et ils interprétaient la

---

1. *Mon.*, I, III, 4, Quaglioni, p. 926-928, Livi, p. 442 : « Est ergo aliqua propria operatio humane universitatis, ad quam ipsa universitas hominum in tanta multitudine ordinatur ; ad quam quidem operationem nec homo unus, nec domus una, nec una vicinia, nec una civitas, nec regnum particulare pertingere potest ».

2. *Cf.* à ce propos : Thomas d'Aquin, Boèce de Dacie, *Sur le bonheur*, textes introduits, traduits et annotés par R. Imbach et I. Fouche, Paris, Vrin, 2005.

possibilité d'une théorie porteuse de bonheur conçue par Aristote comme l'idéal auquel il fallait aspirer. Dante, enfin, estimait que seule l'humanité entière pouvait accomplir la réalisation complète, l'actualisation de la connaissance de tout ce qui est connaissable. En quelques phrases, il élabore une théorie remarquable et originale de l'intellect, qui met l'accent sur la dimension sociale de la raison humaine. Si seul l'ensemble des hommes est capable de connaître tout ce qui est connaissable, cela signifie que l'intellect individuel forme une communauté avec les autres intellects et en dépend d'une certaine manière. La véritable particularité de l'approche de Dante réside cependant dans le fait qu'il développe sa thèse de la réalisation collective de la raison humaine dans un contexte politique, à savoir dans un écrit consacré à la réflexion sur le meilleur ordre politique possible ; en effet, la détermination du but de l'espèce humaine doit permettre de répondre à la question de savoir si une monarchie universelle est nécessaire pour le bien de l'humanité.

Avant d'examiner cet aspect plus en détail, il convient de souligner que la conception dantesque de la finalité de l'espèce humaine constitue une interprétation remarquable de la double détermination aristotélicienne de l'homme comme animal politique ou social et comme animal rationnel. Chez Aristote déjà, la compréhension de l'homme en tant que *zoon politikon* est liée à la prise de conscience du fait que l'homme a besoin de l'aide d'autrui. Dans le *Convivio*, Dante rappelle cet aspect de l'enseignement d'Aristote :

> Nul n'est par soi-même capable d'y parvenir sans l'aide de quelqu'un, étant donné que l'homme a besoin de nombreuses choses auxquelles un seul ne peut satisfaire.

> Ainsi le Philosophe dit-il que l'homme est naturellement un être sociable[1].

Dante a associé cette idée à l'autre thèse importante et célèbre de l'homme en tant qu'animal rationnel, en essayant de prouver que la réalisation de la capacité de connaissance est le but de l'espèce humaine. Cette synthèse originale, qui considère la connaissance de tout ce qui est connaissable comme la tâche de la totalité des hommes, est liée à la conviction de Dante que la philosophie est quelque chose qui concerne tous les hommes. Il ouvre son *Banquet*, en s'inspirant du début de la *Métaphysique* d'Aristote, par la phrase « Tous les hommes désirent naturellement connaître » « tutti li uomini naturalemente desiderano di sapere », et il explique en détail pourquoi il a choisi la langue vernaculaire pour écrire son œuvre. Il conçoit son œuvre comme une nouvelle lumière pour ceux qui n'appartiennent pas à la communauté des lettrés, des savants et des docteurs :

> Mais que vienne ici quiconque est resté affamé à cause de son engagement familial et civil et qu'il s'associe à la même table que ses semblables pareillement empêchés[2].

Dante veut préparer un banquet pour tous ceux, hommes et femmes, qui, pour diverses raisons, n'ont pas la possibilité

---

1. *Conv.*, IV, IV, 1, Fioravanti, p. 562, Bec, p. 307 : « alla quale nullo per sé è sufficiente a venire senza l'aiutorio d'alcuno, con ciò sia cosa che l'uomo abisogna di molte cose, alle quali uno solo satisfare non può. E però dice lo Filosofo che l'uomo naturalmente è compagnevole animale ».

2. *Conv.*, I, I, 13, Fioravanti, p. 104, Bec, p. 185 : « Ma vegna qua qualunque è [per cura] familiare o civile nella umana fame rimaso, e ad una mensa colli altri simili impediti s'assetti ». La suite du texte est instructive : « e alli loro piedi si pongano tutti quelli che per pigrizia si sono stati, ché non sono degni di più alto sedere : e quelli e questi prendano la mia vivanda col pane che la farà loro e gustare e patire ».

de savourer, comme il dit, « le pain des anges », distribué notamment dans les universités. L'idée que Dante se fait d'une philosophie pour les *illiterati*, pour les laïcs, dont l'importance pour l'histoire de l'éducation ne doit pas être sous-estimée, a cependant aussi des conséquences sur ses conceptions politiques, sur son interprétation de la société et du droit, qu'il convient maintenant d'examiner de manière plus approfondie.

Pour ce faire, il est utile de jeter un coup d'œil à l'étonnante construction de la *Monarchia*. L'ouvrage est d'une rigueur impressionnante et d'une construction exemplaire. Comme on le sait, l'ouvrage se compose de trois livres, dont le premier et le troisième contiennent seize chapitres, tandis que le livre II en compte onze : le sixième chapitre du deuxième livre se trouve au milieu exact de l'œuvre. Il traite de l'Empire romain et Dante veut prouver qu'il était naturellement destiné à régner sur la terre entière. Tout le deuxième livre est consacré à la légitimité de la domination romaine sur le monde et Dante veut montrer que cet empire a atteint la domination mondiale de plein droit (*iure*) et en accord avec la Providence divine. Il estime qu'à l'époque d'Auguste, « l'espèce humaine vivait dans le calme de la paix générale ». Par son écrit, il veut découvrir la possibilité théorique et la nécessité d'un ordre politique qui doit permettre de réaliser le but ultime de l'existence humaine, ce qui n'est possible que si les hommes vivent en paix :

> L'être de la partie se retrouve dans le tout; or il arrive que l'homme pris individuellement atteigne la prudence et la sagesse s'il vit de façon calme et paisible ; ainsi c'est dans le repos et la tranquillité que procure la paix que le genre humain peut de toute évidence, très librement et très facilement s'adonner à sa tâche propre, qui est presque

divine, selon cette parole : « À peine le fis-tu inférieur aux anges ». Il apparaît donc que la paix universelle est le meilleur des biens qui aient été ordonnés en vue de notre bonheur[1].

L'objectif de l'écrit de Dante vise à définir les conditions d'une paix universelle. Pour cela, il montre dans un premier temps qu'une monarchie universelle est le régime politique qui réalise le mieux la justice et la liberté. Dans un deuxième temps, il entend démontrer que l'Empire romain a réalisé ce projet. Dans l'importante troisième partie de l'ouvrage, Dante examine en détail si l'autorité de l'empereur dépend de celle du pape, et il plaide en toute clarté pour que l'ordre politique soit clairement séparé de l'ordre ecclésiastique. Pour comprendre cette thèse, il faut d'abord rappeler ici que la doctrine théocratique de l'Église catholique médiévale, selon laquelle le pape possède la *plenitudo potestatis* (plénitude du pouvoir), ce qui signifie que toute autorité politique (*dominium*) sur terre dépend de l'autorité du pape, a été préparée et formulée par les professeurs de droit canonique, et que cette doctrine a probablement trouvé sa formulation la plus puissante dans la bulle *Unam sanctam* du pape Boniface VIII, publiée en 1302. Comme on le sait, la célèbre bulle se termine par l'affirmation que la soumission de toute créature humaine au pontife romain est nécessaire au salut. Ce n'est pas un mince paradoxe

---

1. *Mon.*, I, ɪv, 2, Quaglioni, p. 940-942, Livi, p. 443 : « Et quia quemadmodum est in parte sic est in toto, et in homine particulari contingit quod sedendo et quiescendo prudentia et sapientia ipse perficitur, patet quod genus humanum in quiete sive tranquillitate pacis ad proprium suum opus, quod fere divinum est iuxta illud "Minuisti eum paulominus ab angelis", liberrime atque facillime se habet. Unde manifestum est quod pax universalis est optimum eorum que ad nostram beatitudinem ordinantur ». La citation biblique provient du *Ps* 8, 6 ; voir également : *Conv.* IV, xɪx, 7.

que le postulat d'une séparation claire entre l'ordre religieux, ecclésiastique et l'ordre politique soit né en opposition à cette doctrine papiste.

L'importance historique et théorique de la question litigieuse, qui semble à première vue théologique ou ecclésiologique, se manifeste non seulement dans la réponse de Dante, lorsqu'il affirme très clairement que l'autorité politique ne peut en aucun cas dépendre de l'Église et de son chef, mais surtout dans ses arguments en faveur de la thèse selon laquelle l'ordre politique, avec tout ce qu'il comporte, n'est pas seulement indépendant du royaume de la foi et du pouvoir de l'Église, mais qu'il *doit* l'être. Une des raisons est particulièrement révélatrice : la donation de Constantin au pape Sylvestre des insignes de l'Empire, n'est pas mise en doute dans son authenticité, mais Dante s'efforce d'en prouver le statut illégitime :

> De plus, de même que l'Église possède son fondement propre, de même l'Empire a le sien. Or le fondement de l'Église est le Christ. [...] En revanche le fondement de l'empire est le droit humain. J'affirme seulement que, de même qu'il n'est pas permis à l'Église d'aller à l'encontre de son fondement, [...] de même il n'est pas permis à l'Empire de faire quoi que ce soit à l'encontre du droit humain. Or ce serait aller à l'encontre du droit humain que l'Empire se détruise lui-même ; donc il n'est pas permis à l'Empire de se détruire lui-même[1].

---

1. *Mon.*, III, x, 7–8, Quaglioni, p. 1338-1340, Livi, p. 504-505 : « Preterea, sicut Ecclesia suum habet fundamentum, sic et Imperium suum. Nam Ecclesie fundamentum Cristus est. [...] Imperii vero fundamentum ius humanum est. (8) Modo dico quod, sicut Ecclesie fundamento suo contrariari non licet, [...], sic et Imperio licitum non est contra ius humanum aliquid facere. Sed contra ius humanum esset, si se ipsum Imperium destrueret : ergo Imperio se ipsum destruere non licet ».

Dans ce passage, la thèse décisive est formulée : l'Église et l'empire, c'est-à-dire l'ordre politique, possèdent chacun son propre fondement, ce qui signifie que celui de l'Église est totalement différent et indépendant de celui de l'empire : « imperii fundamentum ius humanum est ». Si l'on considère en outre que le droit humain est fondé sur la raison, la portée de ces déclarations devient évidente. Dans la *Monarchia* Dante explique comment il interprète le droit :

> Le droit est un rapport réel et personnel entre un homme et un homme ; s'il est gardé, ce rapport garde la société ; s'il est gâté, il la gâte, car la définition du *Digeste* ne dit pas ce qu'est le droit, mais le décrit par la connaissance de l'usage qu'on en fait ; si donc ma définition du droit comprend bien son essence et sa cause, et si la fin de toute société est le bien commun de ses membres, il est nécessaire que la fin de tout droit soit le bien commun, et il ne saurait exister un droit qui ne tiendrait pas au bien commun. C'est pourquoi Cicéron affirme à juste titre dans sa *Première Rhétorique* : «les lois doivent toujours être interprétées en fonction de l'utilité de la chose publique»[1].

Pour comprendre ce texte, il faut rappeler comment le droit est décrit dans le *Digeste*, c'est-à-dire la deuxième partie du recueil Justinien du droit romain : « Le droit est l'art du bien et du juste ». Dante fait remarquer qu'il ne

---

1. *Mon.*, II, v, 1-2, Quaglioni, p. 1102-1106, Livi, p. 468 : « ius est realis et personalis hominis ad hominem proportio, que servata hominum servat sotietatem, et corrupta corrumpit – nam illa *Digestorum* descriptio non dicit quod quid est iuris, sed describit illud per notitiam utendi illo – (2) si ergo definitio ista bene "quid est" et "quare" comprehendit, et cuiuslibet sotietatis finis est comune sotiorum bonum, necesse est finem cuiusque iuris bonum comune esse ; et inpossibile est ius esse, bonum comune non intendens. Propter quod bene Tullius in *Prima rethorica* : semper – inquit – ad utilitatem rei publice leges interpretande sunt ».

s'agit pas d'une définition à proprement parler, car une telle définition doit inclure l'essence de quelque chose. C'est pourquoi il précise l'essence du droit et il décrit le droit comme une relation, un rapport entre un homme et un autre homme. De plus, la finalité est également prise en compte lorsque Dante affirme qu'il s'agit du bien commun des citoyens. Il s'ensuit que les lois sont les moyens d'atteindre cette fin ; les lois doivent en effet unir les hommes en vue de l'« utilité commune » :

> Car, si les lois ne sont pas orientées vers l'utilité de ceux qui leur sont soumis, elles n'ont de lois que le nom : dans les faits elles ne le sont pas. Il est en effet nécessaire que les lois lient les hommes entre eux en vue de l'utilité commune. Aussi Sénèque parle-t-il avec à-propos de la loi lorsqu'il écrit dans le livre *Des quatre vertus* : « la loi est le lien de la société humaine »[1].

En outre, il convient de noter que la bonne relation entre les hommes est la justice, qui est elle-même définie par le droit romain comme la vertu qui donne à chacun ce qui lui revient. Ce qui est déterminant pour notre réflexion, c'est que le droit humain est le fondement de l'ordre politique. Sur cette base, on peut conclure que le souverain séculier ne peut pas dépendre du pape, c'est-à-dire que, fondamentalement, l'ordre étatique est totalement indépendant de l'Église et de son autorité, tant dans son essence que dans sa pratique.

---

1. *Monarchia* II, v, 3, Quaglioni, p. 1106-1108, Livi, p. 468 : « Quod si ad utilitatem eorum qui sunt sub lege leges directe non sunt, leges nomine solo sunt, re autem leges esse non possunt : leges enim oportet homines devincire ad invicem propter comunem utilitatem. Propter quod bene Seneca de lege cum in libro *De quatuor virtutibus*, "legem vinculum" dicat "humane sotietatis" ».

On a déjà rappelé que tout le troisième livre des *Monarchia* est consacré à la démonstration de cette indépendance. Les arguments bibliques, historiques et théologiques avancés par les opposants sont d'abord réfutés, avant que l'indépendance ne soit prouvée par des raisons positives. L'argument décisif à cet égard présuppose une distinction claire entre la raison et la foi, la philosophie et la théologie. Dante compare l'homme à l'horizon qui sépare le ciel de la terre. En tant que seul être, l'homme se tient à la frontière du monde corruptible et de la réalité incorruptible, d'où il résulte qu'il est orienté vers deux fins :

> L'ineffable Providence a donc proposé à l'homme de poursuivre deux fins : c'est-à-dire la béatitude de cette vie, qui consiste dans l'épanouissement de ses vertus propres et qui est représentée par le paradis terrestre ; et la béatitude de la vie éternelle, qui consiste à jouir de la vision de Dieu, à laquelle ne peut atteindre notre vertu propre, si elle n'est aidée par la lumière divine ; cette béatitude, il nous est donné de nous la représenter par l'image du paradis céleste.
>
> C'est par des moyens différents qu'il faut parvenir à ces deux béatitudes, car il s'agit de termes ultimes différents. Aussi parvenons-nous à la première grâce aux enseignements philosophiques, pourvu que nous les suivions en agissant selon les vertus morales et intellectuelles ; la seconde nous y parvenons grâce aux enseignements spirituels, qui dépassent la raison humaine, pourvu que nous les suivions en agissant selon les vertus théologales, c'est-à-dire la foi, l'espérance et la charité[1].

---

1. *Mon.*, III, xvi, 7-8, Quaglioni, p. 1396-1400, Livi, p. 513 : « Duos igitur fines providentia illa inenarrabilis homini proposuit intendendos : beatitudinem scilicet huius vite, que in operatione proprie virtutis consistit et per terrestrem paradisum figuratur ; et beatitudinem vite ecterne, que

Cette argumentation, qui parle d'un double bonheur de l'homme, présuppose la doctrine thomiste de la *beatitudo*, mais la modifie ou la corrige. On sait que Thomas a tenté de concilier la conception aristotélicienne du bonheur philosophique avec l'enseignement chrétien de la vie éternelle. Selon le dominicain, le bonheur conçu par Aristote, qui consiste en la connaissance parfaite de l'objet suprême de la connaissance, ne peut être atteint que dans la vision béatifique après la mort, avec le soutien de Dieu. L'originalité de Dante réside dans le fait qu'il ne veut pas seulement distinguer le bonheur accessible au philosophe et la béatitude de l'au-delà, mais qu'il abandonne la subordination d'un bonheur à l'autre : le bonheur que l'on peut atteindre par la philosophie n'est pas subordonné au bonheur théologico-religieux. L'enseignement philosophique et les vertus enseignées par Aristote, la justice, le courage, la modération et la prudence, conduisent au bonheur en ce monde ; la foi et les vertus théologales, foi, espérance et charité, soutenues par la grâce de Dieu, appartiennent au bonheur dans l'au-delà.

La théorie d'un double bonheur proposée par Dante est très importante à deux égards. D'une part, elle reprend le détachement ou l'émancipation de la philosophie par rapport à la théologie, revendiqué et pratiqué par un groupe de philosophes au XIIIe siècle. D'autre part, et c'est là

consistit in fruitione divini aspectus ad quam propria virtus ascendere non potest, nisi lumine divino adiuta, que per paradisum celestem intelligi datur. (8) Ad has quidem beatitudines, velut ad diversas conclusiones, per diversa media venire oportet. Nam ad primam per phylosophica documenta venimus, dummodo illa sequamur secundum virtutes morales et intellectuales operando ; ad secundam vero per documenta spiritualia que humanam rationem transcendunt, dummodo illa sequamur secundum virtutes theologicas operando, fidem spem scilicet et caritatem ».

l'originalité de Dante, il déduit de cette autonomie théorique dans le domaine du savoir et de la pensée les conséquences politiques, en concluant que l'autorité des dirigeants temporels et politiques ne dépend en aucun cas du pouvoir de l'Église et du pape. Cela s'explique par le fait que l'ordre politique est fondé sur le droit humain. Certes, ce droit est à son tour fondé dans la pensée divine, mais il est, et c'est décisif, compréhensible pour la *ratio* humaine. C'est pourquoi il est commun à tous les hommes et indépendant des oppositions religieuses.

La critique que Dante formule de la réalité sociale et politique de son époque trouve son fondement dans cette approche théorique. Marco Lombardo rappelle dans le chant XVI du *Purgatorio* que « si aujourd'hui le monde s'écarte du droit chemin », la raison est à chercher du côté des hommes, et cela est lié au fait que les lois ne sont pas respectées. Son diagnostic est toutefois particulièrement révélateur. Ce qui cause le malheur politique, c'est la confusion entre le domaine séculier et le domaine religieux :

> Rome qui fit le monde bon, avait d'habitude
> deux soleils, qui l'un et l'autre chemin
> celui du monde et celui de Dieu, nous montraient.

> L'un a éteint l'autre, et l'épée s'est jointe
> au pastoral, et quand ils sont tous deux ensemble,
> il faut que de toute force cela aille mal,

> parce que réunis, l'un ne craint pas l'autre[1].

---

1. *Purg.*, XVI, 106-112, Inglese, p. 207-208, Berthier, p. 496-497 : « Soleva Roma, che 'l buon mondo feo, / due soli aver, che l'una e l'altra strada / facien vedere, e del mondo e di Deo. / L'un l'altro ha spento, ed è giunta la spada / col pasturale, e l'un con l'altro insieme / per viva forza mal convien che vada ; / però che, giunti, l'un l'altro non teme ».

L'image des deux soleils est surprenante et peu courante. Dans la tradition ecclésiastique, il n'est pas rare que la relation entre le pape et l'empereur soit comparée à celle du soleil et de la lune, en supposant que la lune reçoit sa lumière du soleil. Dante conteste cette idée dans la *Monarchia*[1]. Marco Lombardo parle de deux soleils et désigne sans aucun doute le pouvoir séculier et le pouvoir ecclésiastique. Par cette image, il veut exclure toute subordination. Malheureusement, l'Église a usurpé le pouvoir temporel, de sorte qu'un soleil a effacé l'autre :

> Confesse maintenant que l'Église de Rome
> pour confondre en elle les deux gouvernements,
> tombe dans la fange et se souille elle et sa charge[2].

Un autre texte de la *Commedia* peut aider à compléter l'idée de la critique de l'Église par Dante et de la compréhension de l'Église qu'il implique. Ce texte se trouve précisément dans le *Paradis* : Dante a réussi l'épreuve de la foi et il est sur le point de faire l'ascension finale. Dans cette situation solennelle et sublime, Pierre prend la parole et se lance dans une invective contre ses successeurs. Il commence son discours dans *Paradiso* XXVII en affirmant que celui qui occupe son poste a fait de la tombe de Pierre un cloaque de sang et d'excréments. Mais ses accusations ne suffisent pas encore, Pierre poursuit :

> L'épouse du Christ ne fut pas nourrie
> de mon sang, ni de celui de Lin ou de Clet,
> pour être employée à acquérir de l'or :

---

1. Cf. *Mon.*, III, iv.
2. *Purg.*, XVI, 127-129, Inglese, p. 209 : « Dì oggimai che la Chiesa di Roma, / per confondere in sé due reggimenti, / cade nel fango e sé brutta e la soma ».

mais c'est pour acquérir notre vie heureuse
que Sixte, et Pie, et Calixte, et Urbain
répandirent leur sang après beaucoup de larmes.

Ce ne fut pas notre intention qu'à main droite
de nos successeurs s'assit une partie,
du peuple chrétien, et à l'autre une autre partie,

ni que les clés qui me furent confiées
devinssent un signe sur l'étendard
qui combattait contre les baptisés ;

ni que mon image formât le sceau
pour des privilèges vendus et menteurs
qui souvent me font rougir et étinceler.

Sous le vêtement de pasteurs, des loups rapaces
se voient d'ici-haut dans tous les pâturages.
Ô vengeance de Dieu, pourquoi dors-tu toujours ?[1].

Dans ce passage, Pierre décrit l'histoire de la décadence de l'Église lorsqu'il parle du bon début et de la terrible fin qui coïncide avec le présent. La cause de cette décadence, dont les papes sont responsables aux yeux de Pierre, est la soif d'or et d'argent. C'est pourquoi Pierre a besoin de l'image des loups déchaînés (v. 55). L'image est tirée de l'évangile de *Matthieu* (7, 15), où il est question des faux

---

1. *Par.*, XXVII, 40-57, Inglese, p. 336-337, Berthier, p. 932 : « Non fu la sposa di Cristo allevata / del sangue mio, di Lin, di quel di Cleto, / per essere ad acquisto d'oro usata : / ma per acquisto d'esto viver lieto / e Sisto e Pïo e Calisto e Urbano / sparser lo sangue dopo molto fleto. / Non fu nostra intenzion ch'a destra mano / d'i nostri successor parte sedesse, / parte dall'altra del popol cristiano ; / né che le chiavi che mi fuor concesse, / divenisser signaculo in vessillo / che contra battezzati combattesse ; / né ch'io fossi figura di sigillo / a' privilegi vendutti e mendaci / ond'io sovente arrosso e disfavillo. / In vesta di pastor lupi rapaci / si veggion di qua sù per tutti i paschi : / o difesa di Dio, perché pur giaci ? »

prophètes : « Prenez garde aux faux prophètes qui viennent à vous en vêtements de brebis, mais qui, au-dedans, sont des loups voraces ». Cependant, nous rencontrons dans ce passage une nouvelle idée. La conduite irresponsable des papes conduit à une division du peuple chrétien. Comme Béatrice dans le chant XXXIII du *Purgatorio*, Pierre donne au poète, à la fin de son discours, la mission d'annoncer aux hommes ce qu'il a entendu :

> Toi, prends note, et telles que par moi sont proférées
> ces paroles, ainsi enseigne aux vivants
> de cette vie qui est une course à la mort[1].

La critique de Dante à l'égard de l'Église est ainsi légitimée d'une manière très particulière : Pierre et Béatrice confient à Dante une mission prophétique[2]. Celle-ci comprend à la fois la réforme de l'Église et une réforme de la politique qui, sur la base de la séparation de l'épée et du bâton pastoral, rêve d'une restauration de l'Empire.

Ce projet, même si nous l'interprétons dans le contexte historique précis du voyage d'Henri à Rome, nous semble étranger et nous avons sans aucun doute affaire à une « théorie du pouvoir désenchanté », comme le dirait Walter Ullmann[3] : Marsilius de Padoue, quelques années après Dante, a développé dans le *Défenseur de la paix* (1324) un modèle de domination qui correspond mieux à nos idées démocratiques.

---

1. *Purg.*, XXXIII, 52-54, Inglese, p. 395-396, Berthier, p. 661 : « Tu nota ; e sì come da me son porte, / così queste parole segna a' vivi / del viver ch'è un correre ala morte ».
2. *Par.*, XXVII, 64-66, Inglese, p. 338 : « et tu, figliuol, che per lo mortal pondo / ancor giù tornerai, apri la bocca / e non asconder quel ch'io non ascondo ».
3. Cf. *Principles of Government and Politics in the Middle Ages*, London, Methuen, 1961, p. 231-235.

Pour conclure, je voudrais toutefois attirer l'attention sur un aspect de la théorie monarchique de Dante qui me semble néanmoins digne de réflexion. Dante répond à la question posée dans le premier livre sur la nécessité d'une monarchie universelle par douze arguments. Je suis convaincu que nous pouvons interpréter cette question précise, historiquement déterminée, dans le sens de la recherche de la meilleure forme de gouvernement politique. Dans une telle étude, il convient de faire la distinction entre la question posée, la réponse qui est donnée et les arguments avancés en faveur de cette réponse. Pour illustrer mon propos, nous pouvons mentionner à titre d'exemple le dixième argument, qui nous donne en outre un aperçu du style de pensée de Dante. Le dixième argument se réfère à ce que l'on appelle le principe d'économie, également connu sous le nom de rasoir d'Occam : il ne faut pas multiplier inutilement les êtres. Il s'énonce ainsi chez Dante : « Ce qui peut être fait par un seul, il vaut mieux que cela soit fait par un seul que par plusieurs »[1]. Si nous voulons évaluer la démarche de Dante, nous connaissons la question posée, mais aussi le résultat, puisqu'il postule la monarchie universelle en réfléchissant à la meilleure forme de gouvernement. Nous pouvons cependant aussi nous poser la question de la valeur de l'argument utilisé et diagnostiquer que le principe d'économie est valide et vrai indépendamment de la conclusion que Dante en tire. Cette approche différenciée me semble particulièrement pertinente et stimulante pour apprécier les démonstrations de Dante. Le huitième argument repose sur l'affirmation suivante :

---

1. *Mon.*, I, xiv, 1, Quaglioni, p. 1024, Livi, p. 455 : « Et quod potest fieri per unum, melius est per unum fieri quam per plura ».

> C'est dans la plus grande liberté possible que le genre
> humain trouve sa condition la meilleure[1].

Indépendamment de la conclusion que Dante en tire,
l'idée que la meilleure organisation étatique doit être
recherchée en tenant compte de ce principe, mérite
amplement d'être méditée. Observons la démarche de
Dante :

> Cela dit, il apparaît aussi clairement que cette liberté ou
> ce fondement de notre liberté est le plus grand don que
> Dieu ait accordé à la nature humaine – comme je l'ait
> dit dans le Paradis de la *Comédie* – car c'est par lui que
> nous sommes heureux ici-bas en tant qu'hommes et que
> nous serons heureux là-haut comme des dieux.
> S'il en est ainsi, qui pourra contester que le genre humain
> connaît son état le plus heureux lorsqu'il peut le mieux
> vivre selon ce principe[2] ?

1. *Mon.*, I, xii, 8, Quaglioni, p. 1002, Livi, p. 451 : « Et humanum
genus potissime liberum optime se habet ».

2. *Mon.*, I, xii, 6–7, Quaglioni, p. 1008-1010, Livi, p. 452 : « Hoc
viso, iterum manifestum esse potest quod hec libertas sive principium
hoc totius nostre libertatis est maximum donum humane nature a Deo
collatum – sicut in Paradiso *Comedie* iam dixi – quia per ipsum hic
felicitamur ut homines, per ipsum alibi felicitamur ut dii. (7) Quod si ita
est, quis erit qui humanum genus optime se habere non dicat, cum
potissime hoc principio possit uti ? » Dans l'édition de Quaglioni la
remarque « sicut in Paradiso *Comedie* iam dixi » est omise. Le débat sur
l'authenticité de cette remarque ne concerne pas notre propos. Sur les
deux récentes éditions de la *Monarchia cf.* ma recension dans *Deutsches
Dante-Jahrbuch*, 93, 2018, p. 195-205. Sur la pensée politique dantesque
cf. aussi : R. Imbach, « *Pax universalis – tranquillitaas civitatis.* Die
politische und philosophische Bedeutung des Friedensgedankens bei
Augustin, Dante und Marsilius von Padua », *in* G. Althoff, E.-B. Krems,
Ch. Meier, H.-U. Thamer (ed.), *Frieden. Theorien, Bilder, Strategien.
Von der Antike bis zur Gegenwart*, Dresden, Sandstein, p. 124-144.

Dante en déduit que la meilleure organisation politique est celle qui accorde la plus grande liberté aux hommes, car, selon lui, les formes d'état justes ont pour but la liberté des citoyens et des citoyennes. Qui ose prétendre le contraire, demande Dante. Il a tenté, par ses écrits, de maintenir en éveil cette sublime conception de la pensée politique.

LA GRACIEUSE LUMIÈRE DE LA RAISON

VARIATIONS ET PORTÉE DE L'ARGUMENTATION
PHILOSOPHIQUE CHEZ DANTE

> *aguzza qui, lettor, ben li occhi al vero*
> *Purg.*, VIII, 19

Il faut commencer par une explication du titre de cette étude : la gracieuse lumière de la raison, *gratiosum lumen rationis*. Si je ne me trompe pas, Dante lui-même a forgé ce beau syntagme qui, j'en suis intimement convaincu, résume un aspect réellement fondamental de sa pensée et de sa philosophie. Il s'agit d'une expression que nous lisons au chapitre XVIII du premier livre du traité *De vulgari eloquentia : gratiosum lumen rationis*.

On se souvient du contexte dans lequel Dante se sert de ce syntagme magnifique : il s'agit du chapitre de son ouvrage où Dante s'efforce d'expliquer l'épithète *curiale* du vulgaire illustre. Dans un premier temps, Dante explique la signification de cet adjectif en précisant :

> À bon droit (le vulgaire illustre) doit être appelé « curial » parce que la curialité n'est rien d'autre qu'une règle bien pondérée de ce qui doit être fait[1].

---

1. *DVE*, I, XVIII, 4, Tavoni, p. 1350, traduction, p. 165 : « Est etiam merito curiale dicendum, quia curialitas nil aliud est quam librata regula eorum que peragenda sunt ».

Il est manifeste que cette description de la *curialitas* comme règle pondérée de l'action humaine renvoie au chapitre XVI où il était largement question de la mesure[1]. Cependant, Dante introduit ici une objection. Comment parler en Italie d'une cour (*curia*) ?

> Mais dire qu'il a été pesé dans la plus excellente cour des Italiens semble être un non-sens puisque nous n'avons pas de cour[2].

La réponse à cette objection est des plus intéressantes car c'est dans ce contexte que Dante introduit le syntagme qui nous intéresse :

> La réponse est facile. En effet, même s'il n'existe pas en Italie de cour, au sens d'une cour unifiée, telle la cour du roi d'Allemagne, ses membres cependant, ne manquent pas. Et comme les membres de cette cour-ci sont unifiés par un prince unique, ainsi les membres de celle-là sont unifiés par la gracieuse lumière de la raison[3].

À l'existence factuelle et réelle d'une cour italienne sous la direction d'un roi ou d'un prince, Dante oppose l'union des membres qui forment l'Italie par « la gracieuse lumière de la raison », nous pourrions aussi traduire la généreuse, l'aimable, la bienfaisante lumière de la raison ou la raison dispensatrice de la grâce[4]. Dans tous les cas,

---

1. *Cf.* traduction, p. 152-159.
2. DVE, I, XVIII, 5, Tavoni, p. 1352, traduction, p. 165 : « Sed dicere quod in excellentissima Ytalorum curia sit libratum, videtur nugatio cum curia careamus ».
3. DVE, I, XVIII, 5, Tavoni, p. 1352-1354, traduction, p. 165-167 : « Ad quod facile respondetur. Nam licet curia, secundum quod unita accipitur, ut curia regiis Alemannie, in Ytalia non sit, membra tamen eius non desunt ; et sicut membra illius uno Principe uniuntur, sic membra huius gratioso lumine rationis unita sunt ».
4. *Cf.* la note dans l'édition de Fenzi, p. 131.

la traduction proposée par Mirko Tavoni dans son édition récente par « divino lume della ragione » mérite un commentaire[1]. Et de fait, Tavoni, dans sa très longue note où il analyse les interprétations controversées du passage, rejoint au fond la proposition d'Alessandro Passerin d'Entrèves affirmant que la « concezione di una *regula eorum que peragenda sunt* ha un rapporto diretto con l'idea del *gratiosum lumen rationis* »[2]. Tavoni ajoute, à juste titre, qu'il s'agit d'un « syntagma forte che sintetizza(asse) la razionalità autonoma »[3]. Si cette interprétation est légitime ou pour le moins acceptable – et la simple lettre du texte y invite – il est correct de faire un pas de plus et, en *isolant* le syntagme du contexte précis du traité sur la langue vulgaire, nous pouvons considérer l'expression *gratiosum lumen rationis* comme une formule qui, de manière fort élégante et suggestive, résume une idée fondamentale de la pensée de Dante : elle nous révèle sa manière d'évaluer et d'apprécier le rôle et la fonction de la raison humaine. Sans forcer trop le texte, nous pouvons établir un lien entre ce syntagme et un passage programmatique du *Convivio* :

> En ce regard (de la dame philosophie) seulement s'acquiert la perfection humaine, à savoir la perfection de la raison, dont dépend toute notre essence, comme de sa partie principale[4].

1. Tavoni, p. 1355.
2. A. Passerin d'Entrèves, « Gratiosum lumen rationis », in *Dante politico e altri saggi*, Torino, Einaudi, 1955, p. 105.
3. Édition Tavoni, p. 1355, note. Il faut rappeler que l'expression dantesque « eorum que peragenda sunt » peut être rapprochée de ce que Thomas dit de la loi intérieure (*Sent.* II, d. 42, q. 1, art. 4, ad 4) : « lex interior est ipsum lumen rationis, quo agenda discernimus ».
4. *Conv.*, III, xv, 4, Fioravanti, p. 498, Bec, p. 292 : « E in questo sguardo solamente l'umana perfezione s'acquista, cioè la perfezione della ragione, dalla quale, sì come da principalissima parte, tutta la nostra essenza depende ».

Encore plus explicite est un second passage du *Convivio* :

> L'âme qui réunit toutes ces puissances et qui est de toutes les âmes la plus parfaite, est l'âme humaine qui, de par sa noblesse de l'ultime puissance, c'est-à-dire de la raison, participe de la nature divine en guise d'éternelle intelligence. Car l'âme en cette souveraine puissance est si ennoblie et dénuée de matière, que la divine lumière y rayonne comme en l'ange. Aussi l'homme est-il appelé par les philosophes un animal divin[1].

Il n'est pas nécessaire de rappeler ici que les termes *ratio* et *ragione* chez Dante et dans la tradition scolastique possèdent une multitude de significations. On peut toutefois résumer les deux principales, en invoquant un bref texte de Thomas d'Aquin qui met en évidence la *puissance cognitive* d'un côté et *l'argumentation* et le concept de l'autre :

> Il faut savoir que l'on peut entendre le terme raison de deux manières : parfois en effet la raison est appelée ce qui est dans celui qui raisonne, à savoir l'acte de la raison ou encore la faculté qu'est la raison. Parfois, en revanche, raison est un nom d'une intention soit qu'il signifie la définition d'une chose, pour autant que la raison est la définition, soit pour autant que l'argumentation est dite raison[2].

---

1. *Conv.*, III, ii, 14, Fioravanti, p. 378, Bec, p. 256-257 : « E quella anima che tutte queste potenze comprende, [ed] è perfettissima di tutte l'altre, è l'anima umana, la quale colla nobilitade della potenza ultima, cioè ragione, participa della divina natura a guisa di sempiterna Intelligenza : però che l'anima è tanto in quella sovrana potenza nobilitata e dinudata da materia, che la divina luce, come in angelo, raggia in quella : e però è l'uomo divino animale dalli filosofi chiamato ».

2. I *Sent.*, d. 33, q. 1, art. 1, ad 1 : « Sciendum autem est quod ratio sumitur dupliciter : quandoque enim ratio dicitur id quod est in ratiocinante, scilicet ipse actus rationis, vel potentia quae est ratio ; quandoque autem

On ne peut cependant prononcer notre syntagme sans penser, bien entendu, à l'admirable passage du Ve chant de l'*Enfer* où est relatée la manière dont Francesca s'adresse à Dante en disant : « O animal grazïoso e benigno »[1]. Pour déterminer quel est le sens que Dante donne à cet adjectif, nous pouvons nous référer à un passage du *Convivio* :

> C'est l'autre chose nécessaire à cet âge pour bien entrer par la porte de la jeunesse (la douceur). Elle est nécessaire parce que nous ne pouvons avoir de vie parfaite sans amis, comme le veut Aristote au huitième livre de l'Éthique. La plupart des amitiés semblent se semer en ce premier âge, parce que alors l'homme commence à acquérir de la grâce ou bien le contraire : cette grâce s'obtient par de doux comportements consistant à parler doucement et courtoisement, à servir et agir doucement et courtoisement[2].

En ce qui concerne l'expression *lumen rationis*, qui est une partie du syntagme, il s'agit, bien entendu, d'un terme technique qui, pour le dire rapidement, est ce par quoi, selon les termes de Thomas, nous discernons le bien et le mal[3] ou ce par quoi nous connaissons les principes :

---

ratio est nomen intentionis, sive secundum quod significat definitionem rei, prout ratio est definitio, sive prout ratio dicitur argumentatio ».

1. *Inf.*, V, 88.

2. *Conv.*, IV, xxv, 1, Fioravanti, p. 760, Bec, p. 367 : « Necessaria è, poi che noi non potemo perfetta vita avere sanza amici, sì come nell'ottavo dell'Etica vuole Aristotile ; e la maggiore parte dell'amistadi si paiono seminare in questa etade prima, però che in essa comincia l'uomo ad essere grazioso o vero lo contrario : la qual grazia s'acquista per soavi reggimenti, che sono dolce e cortesemente parlare, dolce e cortesemente servire e operare ».

3. Cf. *ST* I-II, q. 91, a. 2 : « Signatum est super nos lumen vultus tui, Domine : quasi lumen rationis naturalis, quo discernimus quid sit bonum et malum, quod pertinet ad naturalem legem, nihil aliud sit quam impressio divini luminis in nobis ».

« Ce par quoi nous connaissons les principes qui sont l'origine de la certitude de la science »[1].

Nous pouvons donc conclure que lorsque Dante évoque la *gracieuse lumière de la raison*, il vise l'activité et le rayonnement de cette partie de l'âme humaine qui selon ses propres termes « participe de la nature divine » éclairant à la fois l'agir et la pensée de l'homme, et illuminant les choses humaines.

Mais comment peut-on, de manière plus concrète, décrire cette sorte d'illumination qui émane de la raison ? Il faut ici distinguer différents aspects et diverses dimensions. Je voudrais, dans la suite, présenter quatre aspects.

I

Un premier aspect que je voudrais souligner concerne les principes philosophiques qui constituent précisément la lumière de la raison. Il convient de préciser ici que, dans le langage philosophique de Dante, *principio* ou *principium* possède particulièrement quatre significations[2]. Si, comme dans le long discours de Béatrice au début du *Paradiso*, ce terme désigne Dieu[3], dans d'autres passages il vise *li principii de le cose naturale*, « les principes des choses naturelles »[4] ou encore il désigne l'origine tout court. Mais Dante connaît évidemment la signification de principe comme proposition première et fondamentale, comme l'atteste le passage suivant extrait de la *Monarchia* :

1. *De veritate*, q. 11, art. 1, ad 17 : « ... per quod principia cognoscimus, ex quibus oritur scientiae certitudo ».
2. *Cf.* l'article « Principio » d'Alfonso Maierù dans l'*Enciclopedia Dantesca*, vol. IV, Roma, 1984, p. 673-677.
3. *Par.* I, 109-111, Inglese, p. 41 : « Nell'ordine ch'io dico sono accline / tutte nature per diverse sorti, / più al principio loro e men vicine. »
4. *Conv.*, II, XIII, 17, Fioravanti, p. 316, Bec, p. 241.

> Puisque toute vérité qui n'est pas un principe est démontrée grâce à la vérité d'un principe, il convient dans n'importe quelle enquête, d'avoir connaissance du principe auquel avoir recours, de manière analytique, afin d'établir avec certitude toutes les propositions qui en découleront[1].

Ce passage qui nous montre un aspect du Dante scolastique résume, bien entendu, une doctrine aristotélicienne selon laquelle toute connaissance scientifique repose sur des propositions premières et évidentes, doctrine clairement exprimée dans les *Analytiques postérieurs* :

> Si igitur, scire est, ut posuimus, necesse est demonstrativam scientiam ex veris et primis inmediatis et notioribus et prioribus et causis conclusionis ; sic enim erunt et principia propria ei quod demonstratur[2].

Comme nous le savons bien, les trois livres de la *Monarchia* sont construits selon ces règles argumentatives énoncées par Aristote, puisqu'au début de chacune des parties, Dante établit d'abord le principe sur lequel reposera l'ensemble des preuves censées répondre à l'interrogation. On peut à titre d'exemple rappeler le début de l'argumentation du livre III :

> Pour discuter cette question, il faut déterminer, comme on l'a fait dans les livres précédents, un principe essentiel, en vertu duquel seront formés les arguments nécessaires à la découverte de la vérité. En effet sans ce principe établi à l'avance, à quoi bon se donner de la peine, même

---

1. *Mon.*, I, ii, 4, Quaglioni, p. 914-916, Livi, p. 440 : « Verum, quia omnis veritas que non est principium ex veritate alicuius principii fit manifesta, necesse est in qualibet inquisitione habere notitiam de principio, in quod analetice recurratur pro certitudine omnium propositionum que inferius assummuntur ».

2. *Analytica posteriora*, I, 2, 71b, versio Guillelmi de Moerbeke, AL IV, 1-4, ed. L. Minio Paluello et B. G. Dod, Leiden, Brill, 1968, p. 268.

pour dire des choses vraies, puisque seul le principe est
la racine des moyens termes du syllogisme ?[1]

Le recours aux principes ne s'impose pas seulement
pour la démarche argumentative sous forme de preuve
mais, comme l'enseigne déjà Aristote, la reconnaissance
de certains principes, et en particulier du principe de non-
contradiction, est une condition indispensable pour toute
discussion. Un intéressant passage du quatrième traité du
Convivio critique des interlocuteurs qui ne respectent pas
cette base de discussion. Comme Aristote, Dante pense
qu'il est inutile de discuter avec eux :

> Et si quelqu'un niait ces deux principes ou l'un d'entre
> eux, il n'aurait pas à s'immiscer dans cette recherche,
> car il n'y a pas lieu de discuter, dans un contexte
> scientifique, avec quiconque nie les principes de toute
> science, comme on peut lire dans le premier livre de la
> *Physique*[2].

Dans la *Questio*, il rappellera également le même
passage du premier livre de la *Physique*[3]. Il est instructif
de rappeler dans ce contexte que Dante oppose parfois les

1. *Mon.*, III, ii, 1, Quaglioni, p. 1222-1224, Livi, p. 489 : « Ad
presentem questionem discutiendam, sicut in superioribus est peractum,
aliquod principium est assummendum in virtute cuius aperiende veritatis
argumenta formentur ; nam sine prefixo principio etiam vera dicendo
laborare quid prodest, cum principium solum assummendorum mediorum
sit radix ? ».

2. *Conv.*, IV, xv, 16, Fioravanti, p. 680, Bec, p. 343 : « E di costoro
dice lo Filosofo che non è da curare né d'avere con essi faccenda, dicendo
nel primo della Fisica che "contra quelli che niega li principii disputare
non si conviene" ».

3. *Questio de aqua et terra*, XI, 20, Rinaldi, p. 708, Barbone-Stäubli,
p. 578-579 : « Et si quis hec duo principia vel alterum ipsorum negaret,
ad ipsum non esset determinatio, cum contra negantem principia alicuius
scientie non sit disputandum in illa scientia, ut patet ex primo *Phisicorum* ».

principes de la foi chrétienne à ceux de la philosophie. Ainsi par exemple, nous pouvons rappeler le v. 145 du XXIVe chant du *Paradiso*, où la doctrine de la Trinité est désignée comme le *principe* de la foi[1] ; plus explicite est un passage de la *Monarchia* où le philosophe distingue clairement une démarche qui s'appuie sur la foi et une argumentation de la raison :

> Jusqu'à présent, ce propos est rendu évident par des arguments reposant pour l'essentiel sur des principes rationnels, mais dorénavant la démonstration doit être fondée sur des principes de la foi chrétienne[2].

II

Je voudrais à présent, dans une deuxième étape, exposer quelques cas où Dante se réfère à des *principes* d'ordre philosophique et donner des exemples qui montrent de quelle manière la *gracieuse lumière de la raison* éclaire et fonde sa démarche. Or, ce qui me paraît significatif et digne d'intérêt n'est pas le fait que Dante, comme tous ses contemporains universitaires, se serve constamment de sentences philosophiques possédant une valeur d'évidence, mais je voudrais insister sur la *grande liberté* avec laquelle Dante se sert de ces principes dans son argumentation.

Les auteurs médiévaux ont hérité d'Aristote le paradigme de la causalité qui, provenant du monde de l'artisanat, a été transposé dans la philosophie de la nature et la

---

1. *Par.*, XXIV, 145-147, Inglese, p. 309 : « Quest' è il principio, quest' è la favilla / che si dilata in fiamma poi vivace / e come stella in cielo in me scintilla ».

2. *Mon.*, II, x, 1, Quaglioni, p. 1192, Livi, p. 484 (traduction corrigée) : « Usque adhuc patet propositum per rationes que plurimum rationalibus principiis innituntur ; sed ex nunc ex principiis fidei cristiane iterum patefaciendum est ».

métaphysique. Parmi les adages concernant le rapport entre
cause et effet, certains soulignent la distance entre les deux
termes. Thomas, comme représentant de la tradition, a
exprimé la spécificité de cette relation sous l'angle de la
distance, de l'excès ou du dépassement, comme l'attestent
certains textes de manière très claire[1]. Il est intéressant de
remarquer l'usage que Dante fait de cette conception :
dans un premier exemple, Dante l'utilise l'adage que l'effet
ne peut dépasser la cause dans un contexte politique. Au
chapitre 6 du deuxième livre de la *Monarchia*, il articule
le projet général de cette partie, à savoir la démonstration
de la légitimité et la suprématie de l'Empire Romain. Or,
il exprime ce projet sous la forme d'un *syllogisme* dont la
première prémisse affirme que ce qui est prescrit par la
nature doit être protégé par le droit. La deuxième prémisse
dit que l'Empire Romain était institué par la nature (§ 4)[2].
Donc, peut-on conclure, la domination du monde de
l'Empire est *de iure* (§ 11)[3]. Si nous analysons l'explication
de la première prémisse, nous constatons que Dante se
réfère à notre adage pour faire comprendre que la providence
naturelle ou la nature n'est pas inférieure à celle de l'homme,
sinon il existerait un effet qui dépasse la cause :

> Et ce que la nature a ordonné, on le garde de droit : en
> effet, la providence de la nature n'est pas inférieure à

---

1. *ST* I-II, q. 112, art. 1 : « nulla res agere potest ultra suam speciem,
quia semper oportet quod causa potior sit effectu ». *ST* I, q. 33, art 1,
ad 1 : « in quolibet genere causarum, causa distat ab effectu, secundum
perfectionem vel secundum virtutem ». *ST* I-II, q. 66, art. 1 : « causa
semper excedit suum causatum ». *ScG*, I, c. 43, n. 366 : « effectus non
potest extendi ultra suam causam ».

2. *Mon.*, II, vi, 4, Quaglioni, p. 1134 : « Romanus populus ad
imperandum ordinatus fuit a natura ».

3. *Mon.*, II, vi, 11, Quaglioni, p. 1140 : « ergo romanus populus
subiciendo sibi orbem de iure ad Imperium venit ».

celle de l'homme, car si tel était le cas, l'effet dépasserait
en bonté sa cause, ce qui est impossible[1].

Philosophiquement parlant, le second usage de l'adage
que je voudrais évoquer est encore plus instructif. Cette
fois Dante transpose le rapport cause-effet à la relation qui
existe entre l'homme et le langage. Au chapitre ix du
premier livre du *De vulgari eloquentia* il conclut que le
langage comme effet de l'homme est nécessairement
variable :

> Nous disons donc que nul effet, en tant qu'il est effet, ne
> dépasse sa propre cause, puisque nulle chose ne peut
> produire ce qu'elle n'est pas. Puisque toute langue qui
> est nôtre – mise à part celle qui fut concréée par Dieu
> pour le premier homme – a été refaite selon notre bon
> plaisir, après la confusion qui ne fut rien d'autre que
> l'oubli du parler précédent, et puisque l'homme est
> l'animal le plus instable et le plus enclin à la variation,
> aucun parler ne peut être durable et permanent, mais il
> faut bien qu'il varie comme tout ce qui est nôtre, par
> exemple les mœurs et les coutumes, selon l'éloignement
> dans l'espace et le temps[2].

1. *Mon.*, II, vi, 1, Quaglioni, p. 1130-1132, Livi, p. 473 : « Et illud
quod natura ordinavit, de iure servatur : natura enim in providendo non
deficit ab hominis providentia, quia si deficeret, effectus superaret causam
in bonitate, quod est inpossibile ». *Cf.* aussi *Conv.*, II, iv, 14, Fioravanti,
p. 248 : « nullo effetto è maggiore della cagione, poi che la cagione non
può dare quelle che non ha ».
2. *DVE*, I, ix, 6, Tavoni, p. 1220-1222, traduction, p. 115-117 :
« Dicimus ergo quod nullus effectus superat suam causam in quantum
effectus est, quia nil potest efficere quod non est. Cum igitur omnis nostra
loquela, preter illam homini primo concreatam a Deo, sit a nostro
beneplacito reparata post confusionem illam que nil fuit aliud quam prioris
oblivio, et homo sit instabilissimum atque variabilissimum animal, nec
durabilis nec continua esse potest, sed sicut alia que nostra sunt, puta
mores et habitus, per locorum temporumque distantias variari oportet ».

Il faut rappeler le contexte de ce passage pour en mesurer l'extraordinaire importance et la grande portée à la fois historique et philosophique de cet usage de l'adage. Dans les chapitres précédents, Dante vient de rappeler et d'interpréter la construction de la tour de Babel et la confusion du langage qui en résulte[1]. Déjà la manière dont il a interprété cet épisode biblique ne manque pas d'originalité mais ce qu'il tente au chapitre IX est tout à fait exceptionnel. Le préambule de ce chapitre nous instruit que Dante est conscient de se mouvoir sur un terrain nouveau :

> Il nous faut maintenant mettre à l'épreuve ce que nous possédons de raison, nous qui voulons mener une recherche pour laquelle nous ne pouvons nous appuyer sur l'autorité de personne, à savoir quelle variation a connue l'idiome qui à l'origine était un et identique[2].

Le passage indique bien le thème : Dante soulève, une nouvelle fois, après l'explication mythique et biblique, la question de la multiplication des langues, mais cette fois il s'agit de trouver une argumentation rationnelle, et il se trouve sur un terrain inexploré pour lequel aucune autorité ne peut apporter de l'aide. Après avoir traité des trois idiomes romans, il s'agit de trouver une raison, un fondement rationnel aux différences et aux variétés des langues. Et c'est à ce moment-là que Dante introduit l'argument que nous avons déjà cité. Or, il introduit une argumentation

---

1. *Cf.* I. Rosier-Catach, R. Imbach, « La tour de Babel dans la philosophie du langage de Dante », *in* P. von Moos (ed.), *Zwischen Babel und Pfingsten*, Zürich-Berlin, LIT, 2008, p. 183-204, et la littérature citée dans cette étude.

2. *DVE*, I, IX, 1, Tavoni, p. 1212-1214, traduction, p. 109-111 : « Nos autem nunc oportet quam habemus rationem periclitari, cum inquirere intendamus de hiis in quibus nullius auctoritate fulcimur, hoc est de unius eiusdemque a principio ydiomatis variatione secuta ».

anthropologique en disant que l'homme est un être qui est soumis au changement, l'homme est un être historique : tout ce qui est nôtre, les choses humaines, sont nécessairement soumises aux variations qui proviennent du temps et des distances entre les lieux. En quelques traits Dante propose une explication purement rationnelle de ce que le récit biblique décrit comme une punition divine.

Un autre exemple de cet usage très libre des principes philosophiques est probablement encore plus parlant et significatif. Il hérite de la conception aristotélicienne de la nature et du paradigme téléologique qu'elle véhicule. Ce paradigme implique une parfaite adéquation entre la fin et les moyens par lesquels il faut atteindre cette fin. On trouve dans l'œuvre d'Aristote de nombreuses expressions de cette doctrine. On peut citer ici deux formulations célèbres :

> *Deus et natura nihil faciunt frustra.* (*De caelo* I, c. 4, 271a33).
> *Natura nihil facit frustra, unde non deficit in necessariis nec abundat in superfluis.* (*De anima* III, c. 9, 432b21-23).

Dante se sert de ce principe pour démontrer deux de ses thèses philosophiques les plus originales et des plus caractéristiques. Lorsqu'il entreprend au troisième chapitre du premier livre de la *Monarchia* de préciser quelle est l'action propre de l'homme, celle qui le distingue de tous les autres êtres, à savoir l'intellection par l'intellect possible, le Florentin commence toute cette argumentation capitale – qui culminera dans la thèse que tous les hommes doivent collaborer pour actualiser l'intellect possible – en se référant à l'idée que Dieu et la nature ne font rien en vain :

À ce propos il faut d'abord savoir que Dieu – ni la nature
– ne fait rien en vain : tout ce qu'il amène à l'être est
amené en vue d'une certaine opération. En effet dans
l'intention du créateur, en tant que tel, ce n'est jamais
une essence créée qui est la fin ultime, mais l'opération
propre de l'essence ; il s'ensuit que ce n'est pas l'opération
qui est en vue de l'essence, mais l'essence existe en vue
de l'opération[1].

Grâce à l'adage aristotélicien, Dante ne postule pas
seulement un dynamisme ontologique universel, mais
encore, je l'ai déjà rappelé, la nécessité d'une opération
propre et spécifique du genre humain.

Tout aussi fascinant est une *autre* utilisation de l'adage
que je voudrais mettre en évidence. Comme on sait, Dante
veut montrer au début du traité sur l'éloquence en vulgaire
que seul l'homme parle. C'est une nouvelle fois sur la
thèse que la nature et Dieu ne font rien en vain que repose
l'argumentation :

Celui-ci est notre premier vrai parler. Je ne dis pas "nôtre"
au sens où il y aurait un parler autre que celui de l'homme.
À l'homme seul parmi tous les êtres il fut en effet donné
de parler ; puisqu'à lui seul cela fut nécessaire. Ni aux
anges, ni aux animaux inférieurs, parler ne fut nécessaire ;
cela leur aurait été donné en vain, ce que, indubitablement,
la nature a horreur de faire[2].

1. *Mon.*, I, ɪɪɪ, 3, Quaglioni, p. 926, Livi, p. 442 (traduction corrigée) :
« Propter quod sciendum primo quod "Deus et natura nil otiosum facit",
sed quicquid prodit in esse est ad aliquam operationem. Non enim essentia
ulla creata ultimus finis est in intentione creantis, in quantum creans, sed
propria essentie operatio ; unde est quod non operatio propria propter
essentiam, sed hec propter illam habet ut sit ».
2. *DVE*, I, ɪɪ, 1-2, Tavoni, p. 1138, traduction, p. 75-77 : « Hec est
nostra vera prima locutio. Non dico autem "nostra", ut et aliam sit esse
locutionem quam hominis, nam eorum que sunt omnium soli homini
datum est loqui, cum solum sibi necessarium fuerit. [2] Non angelis, non

Le principe d'économie – que l'on a appelé le rasoir d'Ockham[1] – est directement lié à cette vision d'un ordre naturel rigoureusement rationnel où tout a sa place et rien n'est superflu. Dante se sert de ce principe – exprimé dans la *Physique* 188a17-18 : « melius est ponere principia finita quam infinita » – dans la *Monarchia* pour confirmer sa thèse principale du premier livre à savoir la nécessité d'une monarchie universelle :

> Et ce qui peut être fait par un seul, il vaut mieux que cela soit fait par un seul que par plusieurs. On le démontre ainsi : soit un principe A, par l'action duquel une chose peut être faite ; soit plusieurs par l'action desquels semblablement cette chose peut être faite : A et B. Si donc la même chose qui peut être faite par A et B ensemble peut être faite par A seulement, il est inutile d'ajouter B, car cet ajout ne produit rien, dès lors que cette même chose était réalisée auparavant par A seul[2].

inferioribus animalibus necessarium fuit loqui, sed nequicquam datum fuisset eis : quod nempe facere natura abhorret ». Sur ce sujet *cf.* I. Rosier-Catach, « "Solo all'uomo fu dato parlare". Dante, gli angeli e gli animali », *Rivista di filosofia neo-scolastica* 98 (2006), p. 435-465 ; « Man as a Speaking and Political Animal. A political reading of Dante's *De vulgari eloquentia* », *in* S. Fortuna, M. Gragnolati, J. Trabant (ed.), *Dante's Plurilinguism : Authority, Vulgarization, Subjectivity*, Oxford, Legenda, 2010, p. 34-51 ; et également l'introduction à la traduction *De l'éloquence*.

1. *Cf.* J. P. Beckmann, « Ontologisches Prinzip oder methodologische Maxime ? Ockham und der Ökonomiegedanke einst und jetzt », *in* W. Vossenkuhl, R. Schönberger (ed.), *Die Gegenwart Ockhams*, Weinheim, Acta Humaniora, 1990, p. 191-207 ; W. Hübener, « Occam's Razor not Mysterious », *Archiv für Geschichte der Philosophie* 27, 1983, p. 73-92.

2. *Mon.* I, xiv, 1, Quaglioni, p. 1024, Livi, p. 455 : « Et quod potest fieri per unum, melius est per unum fieri quam per plura. Quod sic declaratur : sit unum, per quod aliquid fieri potest, A, et sint plura, per que similiter illud fieri potest, A et B ; si ergo illud idem quod fit per A et B potest fieri per A tantum, frustra ibi assummitur B, quia ex ipsius assumptione nichil sequitur, cum prius illud idem fiebat per A solum ».

Les indications qui précèdent fournissent des exemples qui montrent de manière assez patente comment la gracieuse lumière de la raison permet à Dante d'articuler ses thèses originales et quel est le contenu de cette lumière.

III

Il faut à présent, dans un troisième temps, dire un mot sur deux dimensions spécifiques de cette raison dont la lumière est si bienfaisante. Dans la suite de la tradition aristotélicienne, Dante adhère à l'idée que l'homme désire naturellement connaître. Dans un très bel ouvrage, Paolo Falzone a déployé toutes les facettes de cette doctrine qui traverse l'ensemble des œuvres philosophiques de Dante[1]. Pour ma part, je voudrais, en relation avec le thème qui nous préoccupe, insister sur l'interprétation particulière que Dante propose de la finitude de la raison humaine et des conséquences qu'il en tire. J'ai appelé ailleurs la conception de Dante une troisième voie entre le thomisme et l'optimisme philosophique des professeurs de la faculté des arts de Paris. Dante peut développer sa conception par le moyen d'une réflexion sur le désir de l'homme. Comme bien d'autres avant lui, Dante se rend compte que certains objets de la connaissance sont d'un accès difficile pour l'homme :

> Où il faut savoir que d'une certaine manière ces choses aveuglent notre intellect, dans la mesure où certaines

---

Cf. aussi *Questio de aqua et terra*, XIII, 28, Rinaldi, p. 714 : « quod potest fieri per unum, melius est quo fiat per unum quam per plura ».

1. P. Falzone, *Desiderio della scienza e desiderio di Dio nel Convivio di Dante*, Bologna, Il Mulino, 2011. Voir aussi P. Porro, « "Avegna che pochi, per male camminare, compiano la giornata". L'ideale della felicità filosofica e suoi limiti nel *Convivio* dantesco », *Freiburger Zeitschrift für Philosophie und Theologie* 59, 2012, p. 389-406.

choses affirment l'existence, (des choses) que notre intellect ne peut pas regarder, à savoir Dieu, l'éternité et la matière première. De ces choses on voit avec une grande certitude et avec toute la foi qu'elles existent mais nous ne pouvons saisir leur essence, on ne peut s'approcher de leur connaissance que par la négation, et non pas autrement[1].

Dante se trouve dans une véritable aporie :

> En vérité, certains peuvent ici grandement douter qu'il soit possible que la sagesse rende l'homme bienheureux, alors qu'elle ne peut lui montrer parfaitement certaines choses : étant donné que l'homme éprouve naturellement le désir de savoir et que, ne pouvant satisfaire son désir, il ne peut être bienheureux[2].

La solution que le Florentin propose doit tenir compte à la fois du principe déjà rappelé selon lequel aucun désir naturel ne peut être vain et que les capacités de l'intellect humain sont limitées. Si nous tentons de reconstruire la réponse à cette difficulté majeure, nous pouvons dire que deux solutions sont envisagées par l'Alighieri. La première réponse est développée dans le *Convivio* même et consiste à dire que l'homme ne désire pas naturellement connaître

---

1. *Conv.*, III, xv, 6, Fioravanti, p. 500, Bec, p. 292-293 (traduction corrigée) : « Dove è da sapere che in alcuno modo queste cose nostro intelletto abbagliano, in quanto certe cose [si] affermano essere, che lo 'ntelletto nostro guardare non può, cioè Dio e la etternitate e la prima materia : che certissimamente si veggiono e con tutta fede si credono essere, e pur quello che sono intender noi non potemo, se non cose negando si può apressare alla sua conoscenza, e non altrimenti ».

2. *Conv.*, III, xv, 7, Fioravanti, p. 502, Bec, p. 293 : « Veramente può qui alcuno forte dubitare come ciò sia, che la sapienza possa fare l'uomo beato, non potendo a lui perfettamente certe cose mostrare ; con ciò sia cosa che 'l naturale desiderio sia [nel]l'uomo di sapere, e sanza compiere lo desiderio beato essere non possa ».

Dieu et les autres objets qui aveuglent l'intellect. Le désir de la raison humaine est limité :

> À quoi on peut clairement répondre qu'en chaque chose le désir naturel est mesuré selon la possibilité de celui qui désire : autrement il se contredirait lui-même, ce qui est impossible ; et la Nature l'aurait fait en vain, ce qui est également impossible[1].

Ce qui est tout à fait remarquable est que Dante n'hésite pas du tout à tirer la conclusion que, *primo*, l'homme ne désire pas ce qu'il ne peut connaître par ses propres moyens et que, *secundo*, par conséquent la philosophie première n'est pas la métaphysique, mais la philosophie pratique, ce que j'ai ailleurs appelé le primat dantesque de la raison pratique :

> Aussi, étant donné qu'il n'est pas possible à notre nature de connaître Dieu ni ce que sont certaines choses, nous ne désirons naturellement pas le savoir. Ainsi ce doute est résolu[2].

La deuxième réponse à la difficulté que pose la finitude de l'humaine raison, Dante la propose au chapitre III du premier livre de la *Monarchia* lorsqu'il explique, comme je l'ai déjà rappelé, que l'actualisation de l'intellect possible n'est concevable que par la multitude des hommes et que,

---

1. *Conv.*, III, xv, 8, Fioravanti, p. 502, Bec, p. 293 : « A ciò si può chiaramente rispondere che lo desiderio naturale in ciascuna cosa è misurato secondo la possibilitade della cosa desiderante : altrimenti anderebbe in contrario di se medesimo, che impossibile è ; e la Natura l'averebbe fatto indarno, che è anche impossibile ».

2. *Conv.*, III, xv, 10, Fioravanti, p. 504, Bec, p. 293 : « Onde, con ciò sia cosa che conoscere di Dio, e di certe altre cose, quello [che] esso è, non sia possibile alla nostra natura, quello da noi naturalmente non è desiderato di sapere. E per questo è la dubitazione soluta ».

par conséquent, la tâche immense de la connaissance exige
la collaboration de tous les hommes :

> Et puisque cette puissance ne saurait être ni entièrement
> ni simultanément mise en acte par un seul homme, ou
> par l'une des communautés que nous avons distinguées
> plus haut, il s'avère donc nécessaire qu'il y ait dans le
> genre humain une multitude par laquelle toute cette
> puissance soit mise en acte[1].

On pourrait ici affirmer que Dante, d'une manière tout
à fait originale, pense la double détermination aristotélicienne
de l'homme comme animal rationnel et politique, dans la
mesure où il propose une réalisation plénière de la dimension
rationnelle de l'homme dans la communauté. Comme l'a
bien montré Irène Rosier-Catach dans sa belle étude sur
la notion de *civilitas*, la citoyenneté universelle de l'homme
comporte diverses dimensions[2]; mais il est certain que
Dante accepte pleinement la thèse de Rémi de Florence
qui affirme que l'appartenance à la *civitas* est essentielle
pour l'homme, car, selon le dominicain florentin :

> *Et si non est civis non est homo, quia homo est naturaliter
> animal civile, secundum Philosophum in VIII* Ethicorum
> *et in I* Phisicorum[3].

---

1. *Mon.* I, III, 8, Quaglioni, p. 934, Livi, p. 442 : « Et quia ista potentia
per unum hominem seu per aliquam particularem comunitatum superius
distinctarum tota simul in actum reduci non potest, necesse est multitudinem
esse in humano genere, per quam quidem tota potentia hec actuetur ».

2. « *Civilitas*. De la famille à l'Empire », dans I. Atucha, D. Calma,
C. König-Pralong, I. Zavattero (éd.), *Mots médiévaux offerts à Ruedi
Imbach*, Porto, FIDEM, 2011, p. 163-174.

3. *De bono comuni, in* E. Panella, « Dal bene comune al bene del
Comune. I trattati politici di Remigio de' Girolami nella Firenze dei
bianchi-neri », *Memorie domenicane*, n.s. XVI, 1985, p. 134. Il existe
une version électronique de cette édition : http://www.e-theca.net/
emiliopanella/remigio.

> Et s'il n'est pas un citoyen, il n'est pas un homme car l'homme est naturellement un animal civil selon le Philosophe dans l'*Ethique* et la *Physique*.

Lorsque Dante rencontre, au VIIIe chant du *Paradiso*, Charles Martel, un dialogue de la plus haute importance se développe entre les deux durant lequel Dante rappelle le principe de la providence naturelle qui assure tout ce qui est nécessaire. Et après ce rappel métaphysique, Charles pose une question à Dante, une question qui implique non seulement que l'homme est un animal politique et social, mais encore qu'il ne peut s'épanouir dans son humanité que dans une société, « s'il n'est pas citoyen, il n'est pas homme » :

> « Veux-tu que cette vérité s'éclaircisse plus encore ? »
> Et moi : « Non ! car je vois impossible
> que la nature en ce qui est nécessaire fléchisse ».
>
> Et lui encore : « Maintenant, dis-moi : serait-ce pire
> pour l'homme sur terre, s'il était hors la société ? »
> « Oui, répondis-je, et ici je ne demande pas de raison »[1].

Dante n'a pas besoin d'une argumentation pour connaître la réponse à la question du prince angevin. Mais nous pouvons dégager encore une conclusion de plus concernant la dimension sociale de la raison. Par elle, l'homme est cosmopolite ; c'est elle qui fonde l'unité de l'humanité. Dans un passage remarquable du traité *De vulgari eloquentia*, passage qui combine un rappel autobiographique avec une réflexion sur la puissance libératrice des études,

---

1. *Par.*, VIII, 112-118, Inglese, p. 122, Berthier, p. 745-746 : « "Vuo' tu che questo ver più ti s'imbianchi ?" / E io : "Non già ; ché impossibil veggio / che la natura, in quel ch'è uopo, stanchi". / Ond'elli ancora : "Or di' : sarebbe il peggio / per l'omo in terra, se non fosse cive ?" / "Sì, – rispuos'io – 'e qui ragion non cheggio" ».

Dante explique que l'homme, s'il raisonne, c'est-à-dire s'il accorde aux arguments rationnels le poids qu'ils méritent, est capable de dépasser les particularismes qui séparent les hommes et de rejoindre la perspective universelle de la raison humaine :

> Mais nous, pour qui le monde est la patrie comme la mer aux poissons, qui avons bu l'eau de l'Arno avant même d'avoir des dents, et qui aimons Florence au point de souffrir injustement l'exil pour l'avoir aimée, nous ferons pencher les plateaux de notre jugement plutôt du côté de la raison que du côté des sens. Et bien qu'il n'existe sur terre aucun lieu plus propice à notre plaisir ou à l'assouvissement de notre sensibilité que Florence, nous considérons et nous jugeons, avec la plus grande fermeté, après avoir lu et relu les livres des poètes et des autres écrivains où le monde est décrit dans son entier et son détail, après avoir considéré en nous-même les différentes positions des localités du monde et leur relation aux deux pôles et à l'équateur, qu'il y a de nombreuses régions et villes plus nobles et plus délicieuses que la Toscane et Florence, dont nous sommes originaire et citoyen, et qu'il existe de nombreuses nations et peuples qui utilisent une langue plus délectable et plus utile que ne le font les Italiens[1].

1. *DVE*, I, vi, 3, Tavoni, p. 1174-1176, traduction, p. 93-95 : « Nos autem, cui mundus est patria velut piscibus equor, quanquam Sarnum biberimus ante dentes et Florentiam adeo diligamus ut, quia dileximus, exilium patiamur iniuste, rationi magis quam sensui spatulas nostri iudicii podiamus. Et quamvis ad voluptatem nostram, sive nostre sensualitatis quietem in terris amenior locus quam Florentia non existat, revolventes et poetarum et aliorum scriptorum volumina, quibus mundus universaliter et membratim describitur, ratiocinantesque in nobis situationes varias mundi locorum et eorum habitudinem ad utrunque polum et circulum equatorem, multas esse perpendimus firmiterque censemus et magis nobiles et magis delitiosas et regiones et urbes quam Tusciam et Florentiam, unde sumus oriundus et civis, et plerasque nationes et gentes delectabiliori atque utiliori sermone uti quam Latinos ».

IV

Je voudrais terminer mon parcours, en évoquant une quatrième perspective, pour montrer l'étonnante fécondité de la démonstration syllogistique dans l'œuvre de Dante. Je voudrais m'arrêter à deux exemples qui peuvent nous montrer le remarquable usage que le poète italien fait de ce qui est pour les médiévaux le procédé démonstratif le plus puissant : le syllogisme. Parmi les très nombreux exemples, celui du troisième livre de la *Monarchia* est sans doute le plus significatif. L'importance capitale de ce texte où Dante veut réfuter la doctrine de la plénitude de puissance pontificale est bien connue. Or il est significatif que l'Alighieri veuille non seulement démontrer que ses adversaires sont de piètres exégètes, mais surtout qu'ils ne savent pas argumenter, plus exactement qu'ils sont incapables de former un syllogisme correct. Au début de la grande série d'arguments, il donne une indication méthodique :

> Pour réfuter ce raisonnement et d'autres qu'ils peuvent tenir, il faut d'abord noter que, selon ce qu'Aristote aime à affirmer dans les livres qu'il a consacrés aux *Sophistes*, réfuter un argument signifie en manifester l'erreur. Et puisque l'erreur peut se manifester aussi bien dans la matière que dans la forme de l'argumentation, il arrive que l'on se trompe de deux façons, c'est-à-dire en posant une prémisse fausse, ou bien en raisonnant de manière fautive[1].

L'erreur concernant la forme, c'est-à-dire la justesse du syllogisme, nous intéresse ici plus que ce que Dante

---

1. *Mon.*, III, ɪv, 4, Quaglioni, p. 1256, Livi, p. 493 : « Propter hanc et propter alias eorum rationes dissolvendas prenotandum quod, sicut Phylosophus placet in hiis que *De sophisticis elenchis*, solutio argumenti est erroris manifestatio. Et quia error potest esse in materie et in forma argumenti, dupliciter peccare contingit, aut scilicet assumendo falsum, aut non sillogizando ».

appelle « erreur dans la matière » qui consiste dans des prémisses fausses. Pour observer une réfutation dantesque de ce type, on pourrait évoquer la fin du chapitre IV où Dante reproche à l'adversaire que le prédicat de la conclusion ne soit pas le terme extrême de la prémisse majeure, comme il se doit[1]. Observons plutôt le chapitre VII, ici Dante expose d'abord l'argument de l'opposant, tiré de *Matthieu* 2, sous forme syllogistique avant de montrer son erreur :

> Voici comment ils procèdent dans leur syllogisme : « Dieu est le seigneur des choses spirituelles et temporelles ; le souverain Pontife est le vicaire du Christ ; par conséquent il est le seigneur des choses spirituelles et temporelles ». Or, l'une et l'autre propositions sont vraies, mais le moyen terme change, et l'on argumente en se fondant sur quatre termes ; ce faisant on ne respecte pas la démarche du syllogisme, comme on le voit bien dans les *Analytiques premiers*[2].

« *Tu non pensavi ch'io loïco fossi*, tu ne pensais pas que je sois logicien », interroge un diable dans l'*Inferno* (XXVII, 122) en s'adressant à Dante. Dans toute la *Monarchia*, il veut donner la preuve qu'il est expert en logique. Ce n'est pas cet aspect qui nous intéresse, mais plutôt sa conviction que la raison humaine peut établir des raisonnements rigoureux et contraignants. L'immense portée de cette conviction, je voudrais la mettre en évidence par un passage de la *Commedia* que l'on peut considérer

---

1. *Mon.* III, IV, 21, Quaglioni, p. 1280 : « Et ideo argumentum peccat in forma, quia praedicatum in conclusione non est extremitas maioris, ut patet ».

2. *Mon.* III, VII, 2-3, Quaglioni, p. 1298, Livi, p. 498 (traduction corrigée) : « Sillogizant sic : "Deus est dominus spiritualium et temporalium ; summus Pontifex est vicarius Dei ; ergo est dominus spiritualium et temporalium". Utraque namque propositio vera est, sed medium variatur ; et arguitur in quatuor terminis, in quibus forma sillogistica non salvatur, ut patet ex hiis que *De sillogismo simpliciter* ».

comme une des clés de compréhension de toute l'œuvre dantesque.

Nous devons, à ce propos, rappeler que Dante dans les chants XXIV-XXVI du *Paradiso* subit une sorte d'examen, pour obtenir la maîtrise en théologie, pourrions-nous dire[1]. Cet examen porte sur les trois vertus théologales : foi, espérance et charité. Dante est examiné par trois apôtres : Paul, Jacques et Jean. Cet examen joue, à mon avis, un rôle capital dans l'évolution du personnage de Dante dans la *Comédie*. Au chant XXIV, Dante doit répondre à l'apôtre Pierre et lui rendre compte de la nature de la foi. Ce premier examen se termine par une profession de foi de Dante. L'apôtre Jacques l'interroge ensuite au chant XXV sur l'espérance. À la fin de ce chant apparaît déjà saint Jean – et Dante est aveuglé. Le XXVIe chant décrit l'épreuve dont le sujet sera l'amour. Le déroulement de cette troisième épreuve se lit dans la première partie du chant XXVI.

L'apôtre Jean demande à Dante vers quoi, ultimement, son âme aspire. Et Dante répond, dans un premier moment, d'une manière brève et un peu obscure, que son âme est attirée vers le bien qui est l'Alpha et l'Omega, à savoir le principe et la fin de tout amour. Après cette réponse, Jean réclame une explication plus détaillée et plus développée. Et c'est cette réponse qu'il convient d'étudier avec beaucoup d'attention (v. 25-45). Avant d'en clarifier le contenu doctrinal, il faut encore une fois insister sur le fait que l'examen se transforme ici en une sorte de détermination magistrale, dans laquelle Dante parle en son propre nom et livre à son interlocuteur, mais bien évidemment aussi à son lecteur, une des clés doctrinales de toute la *Comédie*.

1. Pour ce qui suit *cf.* R. Imbach, S. Maspoli, « Philosophische Lehrgespräche in Dantes *Commedia* », art. cit.

Dante prend la parole et il explique ici le fondement de
son projet philosophico-théologique :

> Et moi : « C'est par des arguments philosophiques
> et par l'autorité qui descend d'ici
> qu'un tel amour a dû se graver en moi :
>
> car le bien, en tant que bien, comme on le comprend,
> ainsi allume l'amour et d'autant plus
> qu'il contient en soi plus de bonté.
>
> Donc vers cette essence dont la richesse est telle
> que chaque bien qui se trouve en dehors d'elle
> n'est autre qu'un rayon de sa lumière,
>
> plus que vers toute autre doit se porter
> notre âme par amour, chez tous ceux qui discernent
> la vérité sur laquelle se fonde cette preuve.
>
> Cette vérité est proposée à mon intelligence
> par Celui qui me démontre quel est le premier amour
> de toutes les substances éternelles :
>
> elle est proposée par l'auteur véridique
> qui dit à Moïse, parlant de soi-même :
> Je te ferai voir le bien souverain.
>
> Tu la proposes, toi encore, au commencement
> De ta sublime prédication, en proclamant les arcanes
> d'ici là-bas, plus que les autres hérauts ».
>
> Et j'entendis : « Au nom de l'intelligence humaine,
> au nom de l'autorité qui concorde avec elle,
> garde à Dieu le premier de tes amours »[1].

---

1. *Par.*, XXVI, 25-48, Inglese, 323-324, Berthier, p. 515 : « E io :
"Per filosofici argomenti / e per autorità che quinci scende / cotale amor
convien che in me s'imprenti : / che 'l bene in quanto ben, come
s'intende, / così accende amore, e tanto maggio / quanto più di bontate
in sé comprende ; / dunque ala essenza ov'è tanto avvantaggio, / che
ciascun ben che fuor di lei si trova / altro non è ch'un lume di suo

La réponse à la question de Jean – comment peut-on expliquer que l'âme de Dante aspire au bien absolu ? – comporte deux moments, comme cela est déjà annoncé au début du passage : *Per filosofici argomenti e per autorità* (v. 25). En effet, le bref discours comporte, dans un premier temps (v. 28-36), une argumentation rationnelle, dont l'Alighieri n'hésite pas à dire qu'il s'agit d'une preuve (*prova*, v. 36). Dans un second temps, trois autorités viennent confirmer le résultat du raisonnement qui précède (v. 37-45). Le même verbe *sterne, sternel, sternilmi*, révéler, proposer, est utilisé pour qualifier le rôle des trois autorités invoquées. Saint Jean, dans sa réplique, souligne également la double démarche : l'intellect humain et l'autorité concordent pour affirmer la même doctrine, dit-il v. 46-47. Nous avons rappelé au début de notre texte que Dante, suivant la meilleure tradition scolastique, rappelle cette double voie pour découvrir la vérité, en disant : que la vérité d'une question peut se manifester par la lumière de la raison humaine et par le rayon de l'autorité divine. On a pu dire que l'accord de l'autorité et de la raison fut le problème majeur de la scolastique. Quoi qu'il en soit, Dante prétend que l'accord de la raison et de la foi caractérise l'enseignement qu'il livre à son lecteur dans ce passage, dans cette réponse à Jean. Il est indéniable qu'une telle précision assigne à ces paroles un poids tout à fait exceptionnel, mais en même temps, Dante fait preuve

raggio, / più che in altra convien che si mova / la mente, amando, ci ciascun che cerne / lo vero in che si fonda questa prova. / Tal vero a l'intelletto mïo sterne / colui che mi dimostra il primo amore / di tutte le sustanze sempiterne. / Sternel la voce del verace autore / che dice a Moïsè, di sé parlando / "Io ti farò vedere ogne valore". / Sternilmi tu ancora, incominciando / l'alto preconio che grida l'arcano / di qui là giù sovra ong'altro bando." / E io udî : "Per intelletto umano / e per autorità a liu concorde / d'i tuoi amori a Dio guarda 'l sovrano" ».

d'une prétention étonnante lorsqu'il s'attribue ici le rôle de celui qui permet la manifestation de l'accord de la révélation et de la raison.

Nous pouvons reconstituer l'argumentation des vers 28-36, en disant, qu'elle comporte un présupposé et un raisonnement en trois temps.

« Le bien allume l'amour », tel est le présupposé que nous pouvons transformer dans un langage un peu plus technique et dire avec Thomas : *amoris autem obiectum est bonum*[1], « le bien est l'objet de l'amour ». Par sa définition et par sa nature, l'amour est attiré par un bien. Le langage scolastique dirait que le bien est cause de l'amour « par manière d'objet » (*per modum obiecti*). Ce présupposé admis, Dante argumente en trois moments :

1. Un plus grand bien cause un plus grand amour (A-B) (ce qui est suggéré, lorsque Dante dit que l'amour est d'autant plus grand lorsqu'il comprend plus de bonté, v. 29-30).

2. Dieu est le plus grand bien (C-A). Tel est le contenu du second tercet. Dante s'exprime en disant que l'essence (qui désigne ici Dieu) est le bien dont tout autre bien est dérivé. Dante fait ici, pour le moins de manière indirecte, allusion au *bonum omnis boni* d'Augustin, ce bien de tous les biens ; et il peut conclure :

3. Dieu cause le plus grand amour (C-B).

Notre auteur formule la thèse à partir de la perspective de ceux qui aiment, et dit : il faut que l'esprit se dirige vers ce bien absolu plus que vers n'importe quel autre terme ou but. Dans sa réplique, saint Jean résume la quintessence de cette doctrine : de tes amours le plus haut regarde Dieu.

Il n'est nullement exagéré de dire que toute cette argumentation est l'expression d'un syllogisme :

1. *ST* I-II, q. 27, art. 1.

Le plus grand bien cause le plus grand amour. (A-B)
Dieu est le plus grand bien. (C-A)
Dieu cause le plus grand amour. (C-B)

L'autorité d'Aristote, de Moïse et de saint Jean vient confirmer ce qui a été découvert par la raison. C'est, en effet, ce que confirment les trois tercets suivants. C'est bien Aristote qui est désigné par cette périphrase : « colui che mi dimostra », celui qui me démontre le premier amour de toutes les substances sempiternelles. En effet, Dante fait ici allusion au livre XII de la *Métaphysique* où Aristote démontre que Dieu, le moteur immobile, meut le monde et en premier lieu les substances séparées, c'est-à-dire les intelligences qui meuvent les sphères célestes ; que le moteur immobile meut l'univers comme aimé.

Il est incontestable que Dante se réfère ici à l'idée aristotélicienne du moteur immobile qui meut comme objet d'amour l'univers. Dans la version latine dont disposait Dante, il est dit explicitement : *movet autem ut amatum.* Moïse dont on cite un passage de l'*Exode* (33, 19) et le prologue de Jean auquel il est fait allusion (« tu la proposes, toi encore ») confirment cette doctrine aristotélicienne. Le philosophème démontré dans la première partie du discours de Dante est ainsi certifié par une autorité païenne, par l'Ancien et le Nouveau Testament.

La gracieuse lumière de la raison ne fait pas seulement voir que l'amour meut le ciel et toute la réalité, mais encore sa lumière et celle de la foi se rejoignent. Faut-il dès lors s'étonner que Dante nous invite à aiguiser les yeux pour appréhender le vrai rendu visible par la gracieuse lumière de la raison : « aguzza qui, lettor, ben li occhi al vero »[1] ?

---

1. *Purg.*, VIII, 19, Inglese, p. 112.

QUELQUES REMARQUES SUR DANTE
ET LA TRADITION PHILOSOPHIQUE

> *Et ideo contemplatio veritatis mitigat tristitiam*
> *vel dolorem, et tanto magis, quanto perfectius*
> *aliquis est amator sapientiae.*
> Thomas d'Aquin *ST* I-II, q. 38, art. 4.

On oublie parfois que la dernière œuvre du très célèbre poète italien, Dante Alighieri, est une question disputée datée du dimanche 20 janvier 1320 :

> Cette discussion a été traitée par moi, Dante Alighieri, le moindre parmi les philosophes [...] en présence de tout le clergé véronais, sauf quelques-uns qui, trop ardents de charité, n'acceptent pas les invitations d'autrui, et pour leur excessive humilité sont trop pauvres en Esprit Saint puisqu'ils ne veulent pas faire montre d'approuver l'excellence des autres et s'abstiennent ainsi d'intervenir dans leurs discussions[1].

1. Dante, *Questio de aqua et terra*, XXIV, [87], Rinaldi, p. 746-748, Barbone, Stäuble, p. 591 : « Determinata est hec phylosophia dominante invicto domino, domino Cane Grandi de Scala pro Imperio sacrosancto Romano, per me Dantem Alagherium, phylosophorum minimum, in inclyta urbe Verona, in sacello Helene gloriose, coram universo clero veronensi, preter quosdam qui, nimia caritate ardentes, aliorum rogamina non admittunt, et per humilitatis virtutem Spiritus Sancti pauperes, ne aliorum excellentiam probare videantur, sermonibus eorum interesse refugiunt ». L'authenticité de la *Questio* a été discutée ; pour un *status quaestionis*, *cf.* l'introduction de D. Perler dans *Dante, Abhandlung über*

Philosophorum minimus, c'est ainsi que Dante se désigne dans ce passage. Ce titre que l'Alighieri s'attribue ne suffit pas encore pour en faire un philosophe. Cependant, à lire attentivement ce passage on y découvre un terme technique qui provient du vocabulaire universitaire médiéval : *determinata est hec philosophia*. La détermination est l'acte solennel par lequel un maître – à l'université médiévale – conclut l'exercice académique de la *quaestio disputata*, acte réservé au magister lui-même, acte par lequel le maître prononce la sentence définitive concernant le problème posé. Par conséquent, la question *De aqua et terra* par laquelle Dante Alighieri conclut son activité intellectuelle revêt une signification éminemment symbolique. Dante, par cette dispute publique, s'autoproclame maître en philosophie.

Dans ce qui suit je voudrais fournir quelques indications pour montrer qu'il mérite ce titre. Pour ce faire, il faudrait préciser ce que Dante entend par philosophie, quels en sont ces contenus et quelles sont les dimensions essentielles de sa pensée philosophique. Dans cette étude, je voudrais aborder seulement un aspect de ce vaste programme en examinant le rapport de Dante à la *tradition philosophique*. Il est incontestable que la philosophie occidentale, et en particulier la philosophie médiévale, soit constituée et se constitue par un *dialogue* incessant avec la tradition. La

---

das Wasser und die Erde, p. VI-LXXIV, ainsi que l'article sur ce texte de M. Pastore Strocchi, dans l'*Enciclopedia Dantesca*, t. IV, Roma, 2ᵉ éd., 1984, p. 761b-765°, mais aussi la longue introduction de Rinaldi, p. 653-687. Voir également R. Imbach, « "Aus Liebe zur Wahrheit". Zur Bedeutung der Dante zugeschriebenen *Abhandlung über das Wasser* », *Deutsches Dante-Jahrbuch* 95, 2020, p. 22-37 ; et « *De aqua* : Philosophische und theologische Diskussionen über das Wasser im Mittelalter », *in* G. Huber-Rebenich, Ch. Rohr, M. Stolz (ed.), *Wasser in der mittelalterlichen Kultur, Water in Medieval Culture*, Berlin, de Gruyter, 2017, p. 17-35.

présence de cette tradition et sa réception sont, certes, multiformes et diverses, mais il n'en reste pas moins que la référence à l'autorité, et partant le commentaire du texte ancien, représentent une part importante de l'activité philosophique médiévale.

Pour commencer il convient cependant de préciser la *notion* de philosophie : que faut-il entendre par philosophie selon Dante ?

I. LA NOTION DE PHILOSOPHIE CHEZ DANTE

Au cours du XIIIe siècle s'est développé un genre littéraire tout à fait particulier et qui connut un grand succès, notamment à la faculté des arts de Paris : les *introductions à la philosophie*. Or, ces petits traités dont il existe un grand nombre ne sont édités que dans une infime part[1]. Ils comportent généralement *trois éléments*, à savoir une *définition* de la philosophie, une division des sciences et finalement un éloge de la philosophie (*commendatio philosophie*). *Le Convivio* dont la rédaction se situe entre 1304 et 1308 est un traité prosimétrique qui doit être envisagé comme une véritable introduction à la philosophie[2].

---

1. À propos de ce genre, *cf.* C. Lafleur, *Quatre introductions à la philosophie au XIIIe siècle : textes critiques et étude historique*, Montréal-Paris, Vrin, 1988. Voir aussi R. Imbach, « Einführungen in die Philosophie aus dem XIII. Jahrhundert. Marginalien, Materialien und Hinweise im Zusammenhang mit einer Studie von Claude Lafleur », *Freiburger Zeitschrift für Philosophie und Theologie* 38, 1991, p. 471-493 ; C. Lafleur, J. Carrier (éd.), *L'enseignement de la philosophie au XIIIe siècle. Autour du "Guide de l'étudiant"*, Turnhout, Brepols, 1997 ; O. Weijers, J. Verger (éd.), *Les débuts de l'enseignement universitaire à Paris (1200-1245)*, Turnhout, Brepols, 2014 (surtout les contributions de L. Bianchi, S. Donati et I. Zavattero, p. 133-245).

2. Pour l'interprétation de la signification philosophique de ce traité *cf.* en particulier Th. Ricklin, « Philosophie et théologie dans le *Convivio* de Dante », dans Z. Kaluza, J.-L. Solère (éd.), *La servante et la consolatrice*.

Le Banquet, comme Francis Cheneval l'a montré dans sa vaste introduction[1], n'inclut pas seulement au second traité (II, XII-XV) une *célèbre division* des sciences et une longue recommandation de la philosophie (III, XII-XV), mais encore un *chapitre* qui est entièrement consacré à la *définition de la philosophie* (III, XI).

Selon la doctrine aristotélicienne nous connaissons une chose quand nous savons ce qu'elle est. C'est pour cette raison que Dante commence ce chapitre en identifiant les causes de la philosophie[2]. Il donne d'abord la définition de la philosophie (§ 3-6), il indique ensuite les causes de la philosophie dans les § 13-14, et il tire la conclusion suivante :

> On peut ainsi voir qui est désormais ma dame, de par toutes ses causes et sa définition ; pourquoi elle s'appelle Philosophie ; et qui est véritablement philosophe et qui l'est par accident[3].

La *partie centrale* du passage est consacrée à la *distinction* du vrai et du faux philosophe (§ 7-12).

On ne peut pas nier que le rappel de l'invention du nom de *Philosophie* par Pythagore et l'interprétation du nom qui en résulte sont plus que traditionnels : Augustin dans *De civitate Dei* VIII, 2, raconte et interprète ces faits

---

La philosophie dans ses rapports avec la théologie au Moyen Âge, Paris, Vrin, 2002, p. 129-150 ; P. Porro, « "Avegna che poci, per male camminare, compiano la giornata". L'ideale della felicità filosofica e suoi limiti nel *Convivio*, dantesco », *Freiburger Zeitschrift für Philosophie und Theologie* 59, 2012, p. 389-406.

1. Dante, *Das Gastmahl*, I, Einleitung, p. XI-CV.

2. *Conv.*, III, XI, 1, Fioravanti, p. 458.

3. *Conv.*, III, XI, 15, Fioravanti, p. 468, Bec, p. 283 : « E così si può vedere chi è omai questa mia donna, per tutte le sue cagioni e per la sua ragione, e perché Filosofia si chiama, e chi è vero filosofo e chi è per accidente ».

qui sont très souvent répétés au Moyen Âge[1]. *L'originalité de Dante se révèle par un léger glissement :* Pythagore, nous raconte-t-on, se disait « non sapiente, ma amatore di sapienza »[2] (qui traduit l'expression *amator sapientiae* que l'on retrouve chez Augustin[3]). Dante fait de « l'amatore »

1. Augustinus, *De civitate Dei* VIII, 2, dans *La cité de Dieu*, livres VI-X, *Impuissance spirituelle du paganisme*, éd. B. Dombart, A. Kalb, introd. et notes G. Bardy, trad. fr. G. Combès, Paris, Desclée de Brouwer, 1959, p. 232. Cicéron rapporte dans les *Tusculanae disputationes*, V, 9-10 (éd. O. Gigon, Zürich, 1998, p. 322-324) que le nom de philosophie remonte à Pythagore (sans utiliser cependant le syntagme « amator sapientiae »). Sur la conception de la philosophie chez Cicéron, on consultera avec profit le chapitre sur cet auteur de G. Gawlick et W. Görler, *in* H. Flashar (ed.), *Die hellenistische Philosophie*, Basel, Schwabe, 1994, p. 991-1168 (Philosophie der Antike 4/2), en particulier le § 57, p. 1084-1125.

2. Dante, *Conv.*, III, xi, 5, Fioravanti, p. 460. On peut également renvoyer aux *Origines* d'Isidore de Séville (VIII, vi) dont le texte a été repris par les *Derivationes* de Huguccio da Pisa (s.v. Filos) comme le rappelait déjà P. Toynbee, *Dante Studies and Researches*, London, Methuen, 1902, p. 107. Un passage au début du *Didascalicon* (I, c. 2) de Hugues de Saint-Victor (Hugo von Sankt Viktor, *Didascalicon de studio legendi – Studienbuch*, Übersetzung Th. Offergeld, Freiburg-Basel, Herder, 1997, p. 116-118) rappelle les mêmes données. *Cf.* la notice remarquable *Pittagora* de G. Stabile dans l'*Enciclopedia Dantesca*, vol. IV, p. 538-541

3. Le syntagme "amator sapientiae" se trouve également dans Augustin, *De trinitate* XIV, I, 2 (*La Trinité*, Livres VIII-XV, 2 : *Les images*, trad. fr. P. Agaësse SJ, notes avec J. Moingt SJ, Paris, Desclée de Brouwer, 1955, p. 346). Il est fascinant que Thomas d'Aquin unifie la tradition augustinienne et l'héritage aristotelicien, cf. *In Metaph.*, I, lect. 3, n. 56, éd. M.-R. Cathala, R. Spiazzi, Taurini, Roma, 1964 : « Notandum est autem, quod cum prius nomine sapientiae uteretur, nunc ad nomen philosophiae se transfert. Nam pro eodem accipiuntur. Cum enim antiqui studio sapientiae insistentes sophistae, idest sapientes vocarentur, Pythagoras interrogatus quid se esse profiteretur, noluit se sapientem nominare, sicut sui antecessores, quia hoc praesumptuosum videbatur esse ; sed vocavit se philosophum, idest amatorem sapientiae. Et exinde nomen sapientis immutatum est in nomen philosophi, et nomen sapientiae in nomen philosophiae ». Voir aussi *ST* I-II, q. 186, art. 2, ad 1.

d'abord « l'amico » pour ensuite introduire « l'amitié »
afin de désigner l'acte visé :

> De là naît le terme de l'acte qui lui est propre, Philosophie,
> de même que d'ami naît le terme de l'acte qui lui est
> propre, c'est-à-dire Amitié. D'où l'on peut voir,
> considérant la signification du premier et du second terme,
> que Philosophie n'est rien d'autre qu'amour de la sagesse
> ou du savoir ; d'une certaine façon l'on peut dire que
> chacun peut être dit philosophe, en raison de l'amour
> naturel qu'engendre en tout homme le désir de savoir[1].

Il est indispensable de lire attentivement ce texte car
l'intérêt de ce passage consiste précisément dans le fait
qu'il interprète ici la philosophie selon le paradigme de
l'amitié. On ne saurait surestimer l'importance de ce léger
glissement, car c'est cette *interprétation* du rapport de
l'homme à la sagesse, du sujet à son savoir qui va permettre
à notre auteur de distinguer par la suite les philosophes
authentiques des *usurpateurs* de ce nom. Selon Aristote,
au huitième livre de *l'Éthique à Nicomaque*, on doit
distinguer trois sortes d'amitiés, à savoir l'amitié pour le
« plaisir », « l'utilité » ou « l'honnêteté » (vertu). Et Aristote
de conclure cette division (VII, 4, 1157b1s.) :

> Une fois l'amitié divisée dans les espèces susdites, la
> conclusion s'impose : les vicieux seront amis pour le
> plaisir ou pour l'utile, étant sous ce rapport semblables ;
> et les bons, eux, seront amis pour eux-mêmes, car ils le
> seront en tant que bons[2].

---

1. *Conv.*, III, xi, 6, Fioravanti, p. 462, Bec, p. 282.
2. Dans la version latine connue par Dante (dans Thomas de Aquino,
Sententia libri Ethicorum, vol. II, Roma, Ad sanctae Sabinae, 1969,
p. 454) : « In has autem species amicitia distributa, pravi quidem erunt
amici propter delectationem vel utile, sic similes existentes, boni autem
propter se ipsos amici, secundum quod enim boni ». Je cite Aristote,

Lorsque l'on applique à la *philosophie* ce paradigme *moral*, il s'ensuit qu'une philosophie au nom du simple *plaisir* ou de *l'utilité* ne saurait être une vraie philosophie[1]. C'est pourquoi notre auteur rejette d'abord une conception purement *esthétique* du philosopher, et il critique ensuite ceux qui aiment la philosophie pour son *utilité* :

> comme le sont les légistes, les médecins et presque tous les religieux, qui étudient non pour savoir, mais pour acquérir argent et dignités[2].

Si le recours à l'amitié permet à Dante de mieux préciser *l'ancienne définition* de la philosophie, ce recours permet également *d'exclure* de la catégorie des vrais philosophes tous ceux qui font de la philosophie leur *profession* et par conséquent, toute la *philosophie académique et universitaire*[3].

Ces textes montrent à l'évidence que Dante ne dispose pas seulement d'une conception *précise et originale* de la philosophie, mais encore que cette conception permet de mieux cerner les *destinataires* de son travail de philosophe.

L'Éthique à Nicomaque, trad. fr. R.-A. Gauthier, J.Y. Jolif, Louvain-Paris, Publications Universitaires de Louvain-Béatrice Nauwelaerts, 1970, vol. I. 2, p. 224.

1. *Conv.*, III, xi, 9, Fioravanti, p. 464 : « E sì come l'amistà per diletto fatta, o per utilitade, non è amistà vera ma per accidente, sì come l'Etica ne dimostra, così la filosofia per diletto o per utilitade non è vera filosofia ma per accidente ». *Cf.* le commentaire de ce chapitre de Ricklin, *Das Gastmahl*, III, p. 309-336.

2. *Conv.*, III, xi, 10, Fioravanti, p. 464-466, Bec, p. 283. *Cf.* le commentaire de Fioravanti, *Dante, Opere*, p. 465-467.

3. Cette option est particulièrement bien articulée dans le premier livre du *Conv.* ; *cf.* à ce propos R. Imbach, *Dante, la philosophie et les laïcs*, Paris, Cerf, 1996 ; Id., « *Translatio philosophiae*, Dante et la transformation du discours scolastique », dans R. Imbach, C. König-Pralong, *Le défi laïque*, Paris, Vrin, 2013, p. 147-166.

Il est vrai qu'en raison de l'amour naturel pour la connaissance, chaque homme peut être dit *philosophe* : « si puo dicere catuno filosofo »[1], mais il faut *actualiser* cette disposition que tout le monde possède. Seuls ceux qui, à l'instar de l'ami *véritable*, aiment la connaissance par *honnêteté*, sans aucun autre motif, méritent le nom de philosophe[2]. Or, le public auquel Dante s'adresse et qu'il a clairement décrit au premier livre est un public *non-universitaire*, de *non-professionnels*, d'hommes et de femmes que les soucis familiaux et civils empêchent de faire de la philosophie leur *profession. Ce* public est, selon Dante, particulièrement apte à aimer la sagesse *pour elle-même*, d'une amitié pure et honnête.

Il est aisé de constater que Dante expliquant la notion de philosophie – tout en se servant de matériaux qui proviennent du monde scolastique et universitaire – accomplit une *translatio philosophiae* d'un public universitaire à un public laïc. Et lorsqu'il définit la fin de la philosophie en parlant de ce « bonheur véritable que l'on

---

1. *Conv.*, III, XI, 6, p. 462. Cf. *Conv.*, I, I, 1, p. 93-94 : « Sì come dice lo Filosofo nel principio della Prima Filosofia, tutti li uomini naturalmente desiderano di sapere. La ragione di che puote essere [ed] è che ciascuna cosa, da providenza di prima natura impinta, è inclinabile alla sua propia perfezione ; onde, acciò che la scienza è ultima perfezione della nostra anima, nella quale sta la nostra ultima felicitade, tutti naturalmente al suo desiderio semo subietti ». *Cf.* le commentaire de Cheneval, *Das Gastmahl*, I, p. 76-79 ; et Fioravanti, p. 93-95.

2. *Conv.*, III, XI, 11, Fioravanti, p. 466 : « Per che, sì come l'amistà per onestade fatta è vera e perfetta e perpetua, così la filosofia è vera e perfetta [e perpetua], che è generata per onestade solamente, sanza altro rispetto, e per bontade dell'anima amica, che è per diritto apetito e per diritta ragione ».

acquiert par la contemplation de la vérité »[1], il formule un
idéal qui est incontestablement celui des éminents professeurs
de philosophie à l'université de Paris, comme Siger de
Brabant ou Boèce de Dacie[2], mais – et cela est essentiel – il
propose cet idéal non pas à des étudiants ou à des professeurs,
mais à ceux et celles, *quasiment innombrables*, qui en
raison d'un *engagement* familial et civil ne peuvent réaliser
le désir naturel de savoir. Il n'est pas anodin que Dante se
serve de la métaphore du *Banquet* pour exprimer son projet :
alors selon ses propres dires, il entend *rassasier des milliers
d'hommes et éclairer* ceux qui sont dans *l'obscurité*[3]. En
revanche, il exclut le petit nombre de ceux qui croient
détenir, par profession, le savoir.

1. *Conv.*, III, xi, 14, Fioravanti, p. 468 : « E sì come fine dell'amistade
vera è la buona dile[tta]zione che procede dal convivere secondo
l'umanitade propiamente, cioè secondo ragione, sì come pare sentire
Aristotile nel nono dell'Etica ; così fine della Filosofia è quella
eccellentissima dile[tta]zione che non pate alcuna intermissione o vero
difetto, cioè vera felicitade che per contemplazione della veritate
s'acquista ».

2. *Cf.* notamment le traité *De summo bono* de Boèce : Thomas
d'Aquin, Boèce de Dacie, *Sur le bonheur, op. cit.*, p. 144-165 et p. 33-41.
Tout aussi intéressant est le texte d'Aubry de Reims dont le texte latin a
été publié par R.-A. Gauthier, « Notes sur Siger de Brabant. II Siger en
1272-1275 : Aubry de Reims et la session des Normands », *Revue des
sciences philosophiques et théologiques* 68, 1984, p. 29-48 (édition du
texte) ; C. König-Pralong, « L'introduction à la philosophie d'Aubry de
Reims : présentation et traduction », *Revue de théologie et philosophie* 144,
2012, p. 97-117 ; 147, 2015, p. 325-343.

3. *Conv.*, I, xiii, 12, Fioravanti, p. 186 : « Questo sarà quello pane
orzato del quale si satolleranno migliaia, e a me ne soverchieranno le
sporte piene. Questo sarà luce nuova, sole nuovo, lo quale surgerà là
dove l'usato tramonterà, e darà lume a coloro che sono in tenebre ed in
oscuritade, per lo usato sole che a loro non luce ». *Cf.* le commentaire
de Cheneval, *Das Gastmahl*, I, p. 237-243.

II. LA CONVERSION PHILOSOPHIQUE DE DANTE

Dante nous informe amplement sur sa découverte de la philosophie. Au deuxième livre du *Banquet*, nous lisons un passage dont l'allure est *autobiographique*[1]. En effet, au cours de l'exégèse de la chanson *Voi ché intendendo il terzo ciel movete*, l'auteur rappelle qu'ayant perdu « le premier plaisir de son âme », donc après la *mort* de Béatrice survenue le 8 juin 1290, il fut accablé d'une telle *tristesse* qu'aucun soulagement ne semblait possible, jusqu'au moment où il décida « de recourir au moyen que certains inconsolés avaient employé pour se consoler » :

> Je me mis à lire le livre peu connu de Boèce où, malheureux et chassé par les hommes, il s'était consolé. Entendant dire aussi que Cicéron avait écrit un autre livre où, traitant de l'amitié, il avait dit certaines paroles de Lelius, homme exceptionnel, lors de la mort de son ami Scipion, je me mis à le lire[2].

La lecture de ces deux ouvrages apporta non seulement un remède aux larmes de Dante mais lui révéla encore « que la philosophie est une grande chose »[3]. Et il ajoute qu'il l'imagine comme une femme[4].

---

1. À ce sujet voir G. Sasso, *Le autobiografie di Dante*, Napoli, Bibliopolis, 2008 ; *cf.* aussi le commentaire de Ricklin sur II, XII, dans *Das Gastmahl*, II, p. 220-237.

2. *Conv.*, II, XII, 2-3, Fioravanti, p. 298, Bec, p. 237.

3. *Conv.*, II, XII, 5, Fioravanti, p. 300 : « E sì come essere suole che l'uomo va cercando argento e fuori della 'ntenzione truova oro, lo quale occulta cagione presenta ; non forse sanza divino imperio, io, che cercava di consolar me, trovai non solamente alle mie lagrime rimedio, ma vocabuli d'autori e di scienze e di libri : li quali considerando, giudicava bene che la filosofia, che era donna di questi autori, di queste scienze e di questi libri, fosse somma cosa ».

4. *Conv.*, II, XII, 6, Fioravanti, p. 300 : « Ed imaginava lei fatta come una donna gentile, e non la poteva imaginare in atto alcuno se non misericordioso ». Sur l'histoire de cette identification, *cf.* Th. Ricklin,

Boèce et Cicéron ont été ses premiers maîtres en philosophie, ce sont eux qui ont déclenché ce qu'il convient d'appeler la *conversion philosophique* de l'Alighieri, conversion double, de la poésie à la philosophie et de l'amour d'une femme à l'amour de la philosophie. Il me paraît certain qu'il s'agit ici moins d'un récit *autobiographique* que d'une reconstruction littéraire de l'itinéraire intellectuel idéalisé de Dante : ce que *l'Hortensius* de Cicéron était pour Augustin[1], la *Consolation* de Boèce et le *De amicitia* de Cicéron l'ont été pour Dante, à savoir *la naissance d'une passion* pour la philosophie, passion qui a permis à Dante de vaincre une profonde crise existentielle et intellectuelle.

« Femme-philosophie et hommes-animaux : essai d'une lecture satirique de la *Consolatio Philosophiae* de Boèce », dans A. Galonnier (éd.), *Boèce ou La chaîne des savoirs*, Actes du colloque international de la Fondation Singer-Polignac, Paris, 8-12 juin 1999, Louvain, Peeters, 2003, p. 131-146.

1. *Cf.* Augustinus Hipponensis, *Confessiones* III, IV, 7 (*Les Confessions*, livres I-VII, éd. M. Skutella, introd. et notes A. Solignac, trad. fr. E. Tréhorel et G. Bouissou, Paris, Desclée de Brower, 1962, p. 372-374) : « Inter hos ego imbecilla tunc aetate discebam libros eloquentiae, in qua eminere cupiebam fine damnabili et uentoso per gaudia uanitatis humanae, et usitato iam discendi ordine perueneram in librum cuiusdam Ciceronis, cuius linguam fere omnes mirantur, pectus non ita. sed liber ille ipsius exhortationem continet ad philosophiam et vocatur Hortensius. ille vero liber mutauit affectum meum et ad te ipsum, Domine, mutauit preces meas et vota ac desideria mea fecit alia. Viluit mihi repente omnis vana spes et immortalitatem sapientiae concupiscebam aestu cordis incredibili et surgere coeperam, ut ad te redirem ». Voir M. Testard, *Augustin et Cicéron*, 2 volumes, Paris, Études augustiniennes, 1958 ; P. Mattei, « *Cum agerem annum aetatis undeuicensimum*. Augustin, l'Hortensius et la Bible en 373 (*Confessions*, III, 4, 7-5 9) », *Vita Latina* 116 (1989), p. 26-36 ; J. J. O'Meara, *La jeunesse de saint Augustin. Introduction aux Confessions de saint Augustin*, Fribourg-Paris, Le Cerf, 1997, p. 71-75.

Il vaut la peine de s'arrêter un instant sur la place que ces *deux penseurs* occupent dans l'œuvre de Dante. D'abord Boèce[1]. Thomas d'Aquin, au dixième chant du *Paradis* présente Boèce en ces termes :

> De la vision du bien suprême y est heureuse
> l'âme sainte par qui la pauvreté du monde
> devient manifeste à qui bien écoute.
>
> Le corps d'où elle fut chassée, gît
> là-bas à Cieldauro, et elle du martyre
> et de l'exil est parvenue à cette paix[2].

En quelques mots Dante résume dans ces vers le cheminement de la *Consolation de philosophie* qui, en rappelant la *primauté* de la connaissance de soi et en dévoilant la richesse intérieure, dénonce ce que Dante appelle *il mondo fallace*. Le symbole du corps emprisonné qui rapproche Boèce de Socrate indique le commencement d'un cheminement qui va de *l'exil à la paix*. Il est hors de doute que la philosophie de Boèce est présente dans toutes les œuvres de Dante, de la *Vita nuova* à la *Comédie*[3]. À

---

1. Sur le rapport entre Dante et Boèce *cf.* l'article substantiel de F. Tateo dans l'*Enciplopedia Dantesca*, vol. I, p. 654a-658a.

2. *Par.* X, 124-129, Inglese, p. 148, Berthier, p. 767 : « per vedere ogne ben dentro vi gode / l'anima santa che 'l mondo fallace / fa manifesto a chi di lei ben ode ; / lo corpo ond'ella fu cacciata giace / giuso in Ciel d'auro, ed essa da martiro / e da essilio venne a questa pace ».

3. Parmi les points doctrinaux pour lesquels Boèce joue un rôle décisif, il faut rappeler en particulier la critique de la richesse (*Conv.*, IV, xii, 4-7 et IV, xiii, 12-14 où Boèce est appelé « il Savio ») et la doctrine du libre arbitre. Quant à ce dernier aspect, il suffit de rappeler que Dante, dans la *Monarchia* I, xii, 1-2 (Quaglioni, p. 1002-1004), cite explicitement la formulation de de Boèce lorsqu'il entend exposer le « principe de la liberté » : « Et humanum genus potissime liberum optime se habet. Hoc erit manifestum, si principium pateat libertatis. (2) Propter quod sciendum quod principium primum nostre libertatis est libertas arbitrii, quam multi

titre d'exemple, on peut noter que l'enseignement de Béatrice, au chant II du *Paradis*, sur le rapport de ressemblance qui existe entre la régularité et la beauté du monde sidéral et *la mente profonda*, – donc la raison divine –, cet enseignement[1] se lit comme une paraphrase poétique d'une partie du très célèbre chant 9 du troisième livre de la *Consolation*[2] ; mais la réminiscence boécienne la plus étonnante se rencontre dans les derniers vers de la *Comédie* :

> À la haute imagination manque ici le pouvoir.
> mais déjà mon désir et ma volonté étaient tournées
> comme la roue qui est mue également
> par l'amour qui meut le ciel et les autres étoiles[3].

Cet admirable vers final ne rappelle pas seulement que selon Aristote le moteur immobile meut en tant qu'aimé,

---

habent in ore, in intellectu vero pauci. Veniunt nanque usque ad hoc : ut dicant liberum arbitrium esse "liberum de voluntate iudicium" ». Dante cite ici l'*editio secunda* du *Commentaire du Perihermeneias* (éd. C. Meiser, Leipzig, Teubner, 1880, p. 195-196). Pour un relevé complet des références à Boèce *cf.* l'article déjà cité de Tateo.

1. *Par.*, II, 127-132, Inglese, p. 56 : « Lo moto e la virtù d'i santi giri, / come dal fabbro l'arte del martello, / da' beati motor convien che spiri ; / e 'l ciel cui tanti lumi fanno bello, / della mente profonda che lui volve / prende l'image e fassene suggello ».

2. *Cf.* le commentaire de Chiavacci, *Paradiso*, p. 70-71, qui mentionne à juste titre *Philosophiae Consolatio* III, m. 9, v. 13-17 (éd. L. Bieler, Turnhout, Brepols, 1958, CCSL 94), où l'on trouve notamment le syntagme *mens profunda* : « tu triplicis mediam naturae cuncta mouentem / conectens animam per consona membra resoluis ; / quae cum secta duos motum glomerauit in orbes, / in semet reditura meat mentem que profundam / circuit et simili conuertit imagine caelum ».

3. *Par.*, XXXIII, 142-14, Inglese, p. 403-404, Berthier, p. 994 : « All'alta fantasia qui mancò possa, / ma già volgeva il mio disio e 'l velle, / sì come rota ch'igualmente è mossa, / l'amor che move il sole e l'altre stelle ».

en restant lui-même immobile[1], mais encore ce vers renvoie à un remarquable passage du premier chant du *Paradis* qui évoque l'amour qui gouverne le ciel et le mouvement éternel des sphères mues par le désir de Dieu[2]. Et ces deux passages sont une évidente réminiscence d'un passage de la *Consolation* II :

> Ô bienheureux genre humain si votre cœur obéit à l'amour auquel obéit le ciel[3].

Le message de Dante rejoint donc celui de Boèce : l'amour est le moteur de l'univers et de l'humanité.

La présence de *Cicéron* dans l'œuvre de Dante est différente de celle de Boèce[4]. Les citations littérales sont très nombreuses, surtout extraites du *De Officiis* et du *De Finibus* ; la présence de Cicéron au second livre de la *Monarchia* est massive[5]. Cicéron est pour Dante le témoin

---

1. *Cf.* Aristoteles, *Metaphysica* XII, 7, 1072b3, ed. W. Jaeger, Oxford, Clarendon, 1957, p. 252 : « kinei de hos eromenon », ce que la *translatio mediae recensio* rend comme suit : « mouet autem ut amatum » (éd. G. Vuillemin-Diem, AL XXV, 3, Leiden-New York-Köln, Brill, 1995, p. 257, l. 259). Voir également Dante, *Par.*, I, 76-77 (« ...la rota che tu sempiterni / desiderato »).

2. *Par.*, I, 73-75, p. 38-39 : « S'i' era sol di me quel che creasti / novellamente, amor che 'l ciel governi / tu 'l sai, che col tuo lume mi levasti ».

3. Boethius, *Consolatio philosophiae* II, m. 8, v. 28-30 : « o felix hominum genus, / si uestros animos amor / quo caelum regitur regat ! ».

4. *Cf.* à ce propos A. Ronconi, « Cicerone Marco Tullio », *Enciclopedia Dantesca*, vol. I, 991b-997a, mais également E. M. Moore, *Studies in Dante*, vol. 1, *Scripture end Classical Authors in Dante*, Oxford, Clarendon Press, 1896, p. 258-273.

5. Cicéron est cité neuf fois dans ce livre de la *Monarchia* : II, v, 2 ; v, 7 ; v, 10 ; v, 16 ; v, 17 ; vii, 12 ; ix, 3 ; ix, 4 ; ix, 8. Ce que Dante dit dans le chapitre initial du traité politique montre à quel point il estime Cicéron comme philosophe ; voir I, i, 4, p. 904-906 : « Nam quem fructum ferret ille qui theorema quoddam Euclidis iterum demonstraret ? qui ab Aristotile

de la grandeur morale du peuple romain. Dante se réfère à lui pour trouver dans l'histoire romaine des *exempla virtutis*.

Il convient de nous interroger sur la présence des autres *philosophes antiques* dans l'œuvre de Dante. Dans le chant IV de l'*Enfer*, Dante présente lui-même ce qu'il appelle la *filosofica famiglia* (v. 132).

III. LA FAMILLE PHILOSOPHIQUE

Avant d'accéder à *l'Enfer* proprement dit, Dante et Virgile arrivent au premier cercle de *l'amphithéâtre infernal*. Le chant IV est entièrement consacré à la description de ce premier cercle qui est identique aux limbes de la tradition théologique[1]. Il faut rappeler que Thomas d'Aquin par exemple distingue le *limbus patrum* – le lieu où les patriarches de l'Ancien Testament attendaient la venue du Christ – et le *limbus puerorum* où se trouvent les enfants morts sans être baptisés[2]. Avec une hardiesse qui lui est propre, Dante a transformé ces éléments de la doctrine théologique et a logé dans les Limbes les grands personnages

---

felicitatem ostensam reostendere conaretur? qui senectutem a Cicerone defensam resummeret defensandam? Nullum quippe, sed fastidium potius illa superfluitas tediosa prestaret ».

1. Sur ce chant important *cf.* F. Mazzoni, « Saggio di un nuovo commento alla *Commedia*. Il canto IV dell'*Inferno* », *Studi danteschi* XLII, 1965, p. 29-206 ; G. Padoan, « Il limbo dantesco », *Letture classensi* 3, 1970, p. 187-217 ; L. Pertile, « Il nobile castello, il paradiso terrestre e l'umanesimo dantesco », *Filologia e critica* V, 1980, p. 1-29 ; A. A. Ianucci, « Limbo : The Emptiness of Time », *Studi danteschi* LII, 1981, p. 69-128 ; et sur les premières interprétations *cf.* Th. Ricklin, « Il "nobile castello" dantesco e le riappropriazioni delle tradizioni filsofiche antiche », *in* A. Palazzo (ed.), *L'antichità classica nel pensiero medievale*, Porto, FIDEM, 2011, p. 279-306.

2. Sur cette distinction *cf.* Thomas d'Aquin, *ST* Suppl. q. 69, art. 6 qui reproduit la doctrine de III *Sent.*, d. 22, q. 2, art. 1, qᵃ. 2.

de l'Antiquité païenne. Virgile explique lumineusement le sort de ces personnes qui *furent sans péché*, mais dont la faute fut d'être sans baptême. Ayant vécu avant la venue du Christ, ils n'ont pas adoré Dieu comme il se doit[1]. Au centre du chant se situe la rencontre avec les poètes antiques qui reçoivent Dante *dans leur compagnie*[2]. Dans l'enceinte du noble Château que les deux voyageurs aperçoivent ensuite, ils rencontrent une étonnante foule *de grands esprits*[3].

Parmi les personnages on trouve trois musulmans, Saladin, Avicenne et Averroès, mais surtout les grands philosophes antiques avec, à leur tête, Aristote bien entendu, dont Dante sans prononcer son nom dit qu'il est « maître de ceux qui savent » (« maestro di color che sanno »), parce qu'il le considère comme le plus grand philosophe de tous les temps[4].

Dans le groupe de la *filosofica famiglia* nous découvrons outre Socrate et Platon, Démocrite, Anaxagore et Thalès, mais aussi Empédocle, Héraclite et Zénon d'Élée ; Cicéron et Sénèque ne sont pas absents non plus[5].

---

1. *Inf.*, IV, 31-42, Inglese, p. 88 : « Lo buon maestro a me : "Tu non dimandi / che spiriti son questi che tu vedi ? / Or vo' che sappi, innanzi che più andi, / ch'ei non peccaro ; e s'elli hanno mercedi, / non basta, perché non ebber battesmo, / ch'è porta de la fede che tu credi ; / e, s'e' furon dinanzi al cristianesimo, / non adorar debitamente a Dio ; / e di questi cotai son io medesmo. / Per tai difetti, non per altro rio, / semo perduti, e sol di tanto offesi / che sanza speme vivemo in disio" ». Sur la question du salut des infidèles chez Dante voir l'article « Où est cette justice qui le condamne ? » dans ce volume.

2. *Inf.*, IV, 64-105.

3. *Inf.*, IV, 119, p. 122 : « li spiriti magni ».

4. *Inf.*, IV, 130-132.

5. *Inf.*, IV, 133-144.

« Vidi il maestro di color che sanno », cette périphrase d'Aristote est comparable à des expressions semblables dans le *Banquet* où Dante dit d'Aristote qu'il est le « maître des philosophes »[1] et le « maître de la raison humaine »[2]. Dante s'explique longuement, au IVᵉ traité du *Convivio*, chapitre VI, sur cette prééminence du philosophe grec. Après avoir dit ce qu'il faut entendre par autorité, à savoir ce qui est digne de foi et d'obéissance, Dante prouve qu'Aristote est l'autorité suprême parmi les philosophes parce que, après les tentatives des Stoïciens, des Épicuriens et des Académiciens, Aristote a su, comme personne d'autre, amener à la « perfection la philosophie morale »[3]. Certes, Dante partage cette vénération pour Aristote avec beaucoup de ses contemporains, mais en attribuant au Stagirite la première place en philosophie en raison de l'*Éthique*, Dante non seulement est cohérent avec lui-même mais encore interprète Aristote d'une manière plus personnelle : la plupart des auteurs du Moyen Âge voient en Aristote d'abord le physicien et le métaphysicien[4].

Pour se donner une idée de l'influence d'Aristote sur l'Alighieri, il suffit d'analyser les citations explicites des œuvres d'Aristote dans la *Monarchia* et dans le *Convivio* : une trentaine pour le premier et plus de quatre-vingt pour

1. *Conv.*, IV, VIII, 15, Fioravanti, p. 614 : « lo maestro delli filosofi ».
2. *Conv.*, IV, II, 16, Fioravanti, p. 554 : « lo maestro della ragione umana » ; *ibid.*, IV, VI, 8, p. 591 : « maestro et duca della ragione umana ».
3. Cf. *Conv.*, IV, VI, Fioravanti, p. 586-598.
4. Pour ce qui suit *cf.* la présentation plus complète : *Das Gastmahl*, IV, p. XII-XXVIII. Sur le rapport de Dante avec Aristote voir aussi L. Minio-Paluello, « Dante lettore di Aristotele », in *Luoghi cruciali in Dante. Ultimi saggi, con un inedito su Boezio*, Spoleto, Centro Italiano sull'Alto Medioevo, 1993 ; G. Sasso, *Dante. L'imperatore e Aristotele*, Roma, Istituto Storico Italiano per il Medio Evo, 2002.

le second[1]. Bien que dans la plupart des cas la connaissance d'Aristote soit *médiatisée* par Thomas d'Aquin[2] ou par Albert le Grand[3], on peut supposer que Dante a lu directement bon nombre des œuvres du Stagirite. Cela est incontestable pour l'*Éthique à Nicomaque* et la *Physique*, et fort probable pour les deux premiers livres de la *Métaphysique* et les traités *Du Ciel* et *De l'âme*. Le chant XXV du *Purgatoire* où Dante expose la théorie de la génération humaine présuppose, quant à lui, une connaissance approfondie de la zoologie aristotélicienne[4]. Pour la physique comme pour la morale, Aristote est, pour Dante, l'autorité par excellence. Il faut pourtant préciser ici que Dante se sert des philosophèmes d'Aristote avec une grande liberté, comme il le fait d'ailleurs avec toutes ses sources. Sa désinvolture contraste avec la philosophie universitaire de son temps. Et bien des fois, cet usage libre de la tradition dont il s'inspire donne naissance à d'étonnantes innovations. À ce propos, je voudrais ici citer un exemple des plus instructifs. Le chant II de *l'Enfer*, à son commencement, nous décrit la peur et l'angoisse de Dante :

1. Cf. *Das Gastmahl*, IV, *Einleitung*.

2. L'article de K. Foster sur saint Thomas dans *Enciclopedia Dantesca*, vol. V, p. 626a-649a, informe remarquablement sur ce point difficile.

3. C. Vasoli, « Fonti albertine nel *Convivio* di Dante », *in* M. J. F. M. Hoenen, A. de Libera (ed.), *Albertus Magnus und der Albertismus*, Leiden, Brill, 1995, p. 33-49 ; Th. Ricklin, « L'image d'Albert le Grand et de Thomas d'Aquin chez Dante », *Revue thomiste* 97 (1997), p. 437-458 ; G. Fioravanti, « Dante e Alberto Magno », *in* A. Ghisalberti, (ed.), *Il pensiero filosofico e telogico di Dante*, Milano, Vita e pensiero, 2001, p. 93-102.

4. B. Nardi, *Studi di filosofia medievale*, Roma, Storia e Letteratura, 1960, p. 9-68 ; Ét. Gilson, « Dante's Notion of a Shade : Purgatorio XXV », *Mediaeval Studies* 29, 1967, p. 124-142 ; P. Boyde, « Generazione e creazione dell'uomo », in *L'uomo nel cosmo. Filosofia della natura e poesia in Dante*, Bologna, Il Mulino, 1984, p. 443-485.

Io non Enëa, io non Paulo sono[1].

Dante se tourne vers son guide pour lui demander de le réconforter, et celui-ci lui révèle à cette occasion que Béatrice est à l'origine de sa mission[2]. Virgile relate fidèlement les paroles de Béatrice[3] qui encourageront Dante, qui à son tour hésite à accepter sa mission. Alors Beatrice répond :

> On doit craindre les seules choses
> qui ont le pouvoir de faire le mal d'autrui :
> les autres non ! Elles ne sont pas redoutables[4].

Boccace, dans son commentaire de ce chant, a bien identifié la source de ce passage : « comme Aristote le montre dans le troisième livre de l'*Éthique à Nicomaque* »[5].

1. *Inf.*, II, 31-35, Inglese, p. 69-70 : « Ma io, perché venirvi ? o chi 'l concede ? / Io non Enëa, io non Paulo sono ; / me degno a cio, né io né altri il crede. / Per che, se del venire io m'abandono, / temo che la venuta non sia folle. / Se' savio ; inendi me' ch'i' non ragiono ».

2. *Inf.*, II, 70-72, Inglese, p. 72 : « I' son Beatrice che ti faccio andare ; / vegno del loco ove tornar disio ; / Amor mi mosse, che mi fa parlare ».

3. *Inf.*, II, 58-74.

4. *Inf.*, II, 88-90, Inglese, p. 73, Berthier, p. 72 : « Temer si dèe di sole quelle cose / c'hanno potenza di fare altrui male ; / dell'altre no, ché non son paurose ».

5. Voici le commentaire de Boccace sur ces deux vers 88-99 (*Esposizioni sopra la Comedia*, éd. G. Padoan, Milano, Mondadori, 1994, cité d'après *dante.dartmouth.edu*) : « Sì come Aristotile nel III dell'Etica vuole, il non temer le cose che posson nuocere, come sono i tuoni, gl'incendi e' diluvi dell'acque, le ruine degli edifici e simili a queste, è atto di bestiale e di temerario uomo ; e così temere quelle che nuocere non possono, come sarebbe che l'uomo temesse una lepre o il volato d'una quaglia o le corna d'una lumaca, è atto di vilissimo uomo, timido e rimesso. Le quali due estremità questa donna tocca discretamente, dicendo esser da temere le cose che possono nuocere. *E l'altre no*, cioè quelle *che non son poderose*, a nuocere e che non debbon metter paura nell'uomo, il quale debitamente si può dir forte ».

En effet, c'est dans ce livre que le Stagirite, à partir du chapitre VI, 1115a4 *sq.*, parle de *courage*. Et il affirme que certains maux doivent être craints, d'autres non :

> Ce que nous craignons, ce sont les choses terrifiantes, ce sont, en bref, les maux. Ainsi a-t-on défini la crainte : attente du mal. Parmi les maux, il y en a qu'on doit craindre, et il est bon de les craindre ; ne pas les craindre serait un mal, ainsi le déshonneur, celui qui le craint est honnête et pudique[1].

Si la plupart des commentateurs sont d'accord pour considérer ces lignes comme la source des propos de Béatrice, dans l'interprétation du passage un problème se pose : le terme *altrui* dans le vers : « c'hanno potenza di fare altrui male », donne lieu à différentes exégèses. Les uns considèrent ce mot comme un pronom indéfini générique[2] et c'est ainsi que traduit Marc Scialom :

> Nous devons redouter uniquement ce qui aurait le pouvoir de nous nuire[3].

---

1. Aristote, *Éthique à Nicomaque*, III, 9, (Aristoteles Latinus XXVI, 1-3, éd. R.-A. Gauthier, Leiden, Brill, 1973, p. 421), trad. cit. R.-A. Gauthier, J. Y. Jolif, vol. 1, 2, p. 159.

2. Chiavacci, dans Dante, *Paradiso*, I, p. 62, commente : « *altrui* : pronome indefinito generico : gli uomini in genere (…) ; in questo caso : a noi (che *fare altrui male* non voglia dire "far del male agli altri, al prossimo", è assicurato sia dal riscontro aristotelico, sia dalle parole seguenti di Beatrice ai vv. 91-93) ».

3. Dante, *Œuvres complètes*, éd. Bec, p. 606, Voici la traduction de W. Cliff (Dante, *Enfer*, Paris, La Table ronde, 2013, p. 31) : « Nous ne devons avoir peur que des choses / qui ont le pouvoir de nuire à autrui : les autres nous ne devons pas les craindre ».

En revanche Jacqueline Risset[1] traduit :

> Il faut avoir peur seulement de ces choses
> qui ont pouvoir de causer du mal à autrui.

Si l'on opte pour la première variante, le passage est une simple paraphrase du passage cité d'Aristote, le message est trivial ; si, en revanche, on suit Edward Moore, dans ses vénérables *Studies in Dante*[2] et si l'on comprend *altrui* comme désignant *l'autre homme*, on est amené à constater que Dante a transformé, dans un sens profondément innovateur, une idée d'Aristote. Celui-ci, dans le passage invoqué par Boccace lui-même, parle de ce qu'il faut craindre pour conclure finalement que le plus redoutable objet de crainte est la mort[3]. Si l'on interprète les paroles de Béatrice en disant que ce qu'il faut craindre avant tout c'est de « faire mal à autrui », ces vers prennent une signification profonde et révèlent le sens même du voyage de Dante sur « lo cammino alto e silvestro »[4]. Ce qu'il faut craindre ce ne sont pas les peines de l'enfer ou les punitions

---

1. Dante, *La divine Comédie*, traduction, préface et notes par J. Risset, Paris. Flammarion, 2010, p. 18.

2. Moore, *Studies in Dante* (note 194), p. 107 *sq.*

3. Il est tout à fait fascinant de constater que Tempier a condamné en 1277 la proposition 178 : « Quod finis terribilium est mors » (cf. *La condamnation parisienne de 1277*, éd. et trad. fr. D. Piché et Cl. Lafleur, Paris, Vrin, 1999, p. 134). À propos de cet article voir R. Hissette, *Enquête sur les 219 articles condamnés à Paris le 7 mars 1277*, Louvain-Paris, Publications universitaires-Vander-Oyez, 1977, p. 304-307. Notons encore que dans l'œuvre de Thomas d'Aquin on trouve six occurrences de cette formulation : *Sent.* II, d. 19, q. 1, art. 2, s.c. 2 ; *ibid.*, II, d. 30, q. 1, art. 1, arg. 1 ; *ibid.*, IV, d. 29, q. 1, art. 2, arg. 2, et surtout *De veritate*, q. 26, art. 6, ad 8 : « Nam per mortem privatur id quod est maxime diligibile, scilicet et esse : unde est finis terribilium, secundum Philosophum in III Ethicorum ».

4. *Inf.*, II, 142, Inglese, p. 76.

du purgatoire : toute l'extraordinaire mise en scène de la *Comédie* doit être envisagée sous l'angle de l'éthique dont le principe fondamental est ici exprimé par Béatrice, et qui modifie la doctrine d'Aristote de la peur. Le voyage fatal[1] de Dante ne doit principalement révéler ce qui se passe dans l'au-delà, il ne doit pas en premier lieu enseigner quelles peines attendent les pécheurs, mais veut montrer que la seule chose qu'il faut craindre est de causer du mal à autrui[2]. Il parle de l'au-delà pour inviter les hommes à mieux vivre ici-bas.

IV. LES ÉPICURIENS

Parmi les grands esprits auxquels Dante rend hommage au chant IV de *l'Enfer*, Épicure est absent. À vrai dire, c'est au dixième chant de *l'Enfer* que les deux pèlerins Dante et Virgile parlent d'Épicure et tous ses disciples, parmi eux Farinata, Cavalcante dei Cavalcanti, le père de l'ami Guido, Frédéric II et le cardinal Ottaviano degli Ubaldini. En une seule phrase notre poète résume la quintessence de la doctrine d'Épicure : « qui font mourir l'âme avec le corps »[3].

En parlant de la sorte, Dante se sert de l'opinion très répandue au Moyen Âge selon laquelle l'épicurisme se définit par la négation de l'immortalité de

---

1. Dante désigne son voyage « fatale andare » (*Inf.*, V, 22).

2. Je prétends donc, de manière provocatrice, que Béatrice défend ici un des trois principes de l'éthique minimale développée par R. Ogien (« Ne pas nuire aux autres, rien de plus »), notamment dans *L'éthique aujourd'hui. Maximalistes et minimalistes*, Paris, Gallimard 2007, et qui reprend le « harm principle » de John Stuart Mill.

3. , *Inf.*, X, 13-15, Inglese, p. 144-145, Berthier, p. 134 : « Suo cimitero da questa parte hanno / con Epicuro tutti suoi seguaci, / che l'anima col corpo morta fanno ».

l'âme. [1] Les commentateurs ont depuis toujours remarqué que dans le *Convivio* non seulement Dante n'attribue pas cette doctrine à Épicure, mais donne encore une image plutôt favorable de ce philosophe. L'esquisse de l'histoire de la philosophie morale que Dante insère au IVe traité du *Convivio* (IV, VI, 11-12) en témoigne : il parle d'abord des stoïciens « qui croient que la fin de la vie humaine est une stricte honnêteté »[2] pour ensuite caractériser la doctrine d'Épicure en ces termes :

> Voyant que tout être vivant dès qu'il est né est comme dirigé par la nature vers la fin où il doit tendre, fuyant la douleur et recherchant la joie, il dit que notre fin était la volupté (je ne dis pas « volonté », mais « volupté » avec

---

1. *Cf.* à ce propos A. Robert, « Épicure et les épicuriens au Moyen Âge », *Micrologus* XXI, 2013, p. 3-45, mais surtout du même auteur : *Épicure aux Enfers. Hérésie, athéisme et hédonisme au Moyen Âge*, Paris, Fayard, 2021 ; Ch. Kaiser, *Epikur im lateinischen Mittelalter*, Turnhout, Brepols, 2019. Ces deux ouvrages ignorent cependant la tradition que Z. Kaluza a étudiée (*cf.* « Le *De universali reali* de Jean de Maisonneuve et les *epicuri litterales* », *Freiburger Zeitschrift für Philosophie und Theologie* 33 (1986), p. 469-516), tradition qui joue un rôle significatif dans l'histoire du problème des universaux et de l'occamisme. Quant à la place d'Épicure chez Dante *cf.* G. Stabile, « Epicurei in Dante », in *Dante e la filosofia della natura. Percezioni, linguaggi, cosmologie*, Firenze, SISMEL, 2007, p. 317-327 ; J. Scott, *Dante magnanimo, Studi sulla Commedia*, Firenze, Olschki, 1977, p. 9-45.

2. *Conv.*, IV, VI, 9-10, Fioravanti, p. 590-592, Bec, p. 314-315 : « Furono filosofi molto antichi, delli quali primo e prencipe fu Zenone, che videro e credettero questo fine della vita umana essere solamente la rigida onestade : cioè rigidamente, sanza respetto alcuno la verità e la giustizia seguire, di nulla mostrare dolore, di nulla mostrare allegrezza, di nulla passione avere sentore. (10) E diffiniro così questo onesto : "quello che sanza utilitade e sanza frutto, per sé di ragione è da laudare". E costoro e la loro setta chiamati furono Stoici, e fu di loro quello glorioso Catone di cui non fui di sopra oso di parlare ». La source principale pour Dante est Cicéron, *cf.* les passages cités dans le commentaire de Vasoli, p. 588.

un P), c'est-à-dire un plaisir sans douleur; parce que, entre le plaisir et la douleur, il ne situait aucun moyen terme, il disait que la volupté n'était rien d'autre que la non-douleur, comme semble le rapporter Cicéron dans le premier livre de la *Fin des Biens*[1]

Dante indique dans ce passage la source doxographique principale : il connaît Épicure par l'intermédiaire du *De Finibus bonorum et malorum* de Cicéron[2]. Il est vrai que la doctrine d'Épicure selon cette esquisse de Dante n'est qu'une étape puisque la philosophie morale n'atteint son achèvement que chez Aristote. On ne trouve cependant aucune remarque critique à l'égard d'Épicure dans le *Convivio*[3]. Le changement d'attitude peut s'expliquer par l'importance croissante que revêt l'immortalité de l'âme dans le projet de la *Comédie*. C'est pourtant un autre aspect

1. *Conv.*, IV, vi, 11-12, Fioranvanti, p. 592, Bec, p. 315 : « Altri filosofi furono, che videro e credettero altro che costoro, e di questi fu primo e prencipe uno filosofo che fu chiamato Epicuro; che, veggendo che ciascuno animale, tosto ch'è nato, è quasi da natura dirizzato nel debito fine, che fugge dolore e domanda allegrezza, quelli disse questo nostro fine essere voluptade (non dico "voluntade", ma scrivola per P), cioè diletto sanza dolore. E però [che] tra 'l diletto e lo dolore non ponea mezzo alcuno, dicea che "voluptade" non era altro che "non dolore", sì come pare Tulio recitare nel primo di Fine di Beni. E di questi, che da Epicuro sono Epicurei nominati, fu Torquato nobile romano, disceso del sangue del glorioso Torquato del quale feci menzione di sopra ».
2. Il s'agit principalement de Cicéron, *De finibus bonorum et malorum* I, 11, 38. Voir en particulier ce passage, I, 9, 29 : « Quaerimus igitur, quid sit extremum et ultimum bonorum, quod omnium philosophorum sententia tale debet esse, ut ad id omnia referri oporteat, ipsum autem nusquam. Hoc Epicurus in voluptate ponit, quod summum bonum esse vult, summumque malum dolorem ». *Cf.* le commentaire de Vasoli dans son édition, Milano-Napoli, 1988, p. 588-590.
3. Il y a quatre occurrences : III, xiv, 15; IV, vi, 11; IV, vi, 12; IV, xxii, 4. Dans la *Monarchia*, Épicure est deux fois mentionné : II, v, 10 et II, v, 16 (en rapport avec une référence à Cicéron).

que je tiens à relever ici. Dans le *Convivio* toujours, Dante mentionne les épicuriens systématiquement en compagnie des deux autres écoles antiques, à savoir les stoïciens et les péripatéticiens. Ces trois écoles représentent l'idéal philosophique antique. Sans pouvoir étudier ici les sources de cette conception de l'antique idéal, je voudrais souligner le fait que ces trois écoles ont recherché la béatitude dans la vie active[1].

> Par ces trois femmes[2] on peut entendre les trois écoles de la vie active, c'est-à-dire les Épicuriens, les Stoïciens et les Péripatéticiens, qui vont au monument, c'est-à-dire au monde présent qui est la demeure des choses corruptibles ; ils demandent le Sauveur, c'est-à-dire la béatitude, et ne la trouvent pas. Mais ils trouvent un jeune homme en vêtements blancs, qui, selon le témoignage de Matthieu et des autres, était un ange de Dieu. Aussi Matthieu dit-il : « L'ange de Dieu descendit du ciel et retourna la pierre en venant ; et il était assis sur elle. Son

---

1. Voir à ce propos *Conv.*, III, XIV, 15, IV, VI, 9-15 et IV, XXII, 15 ; dans ce dernier passage, Fioranvanti, p. 736, il parle des « tre sette de la vita activa ».

2. Dante vient de rappeler que l'homme ne peut atteindre la béatitude parfaite (qui consiste dans la vision de Dieu) en cette vie. Pour confirmer cela il invoque l'Évangile de *Marc* 16, 1-7 (*Conv.*, IV, XXII, 14, Fioravanti, p. 736) : « Dice Marco che Maria Maddalena e Maria Iacobi e Maria Salomè andaro per trovare lo Salvatore al monimento, e quello non trovaro ; ma trovaro uno giovane vestito di bianco, che disse loro : "Voi domandate lo Salvatore, e io vi dico che non è qui ; e però non abbiate temenza, ma ite, e dite alli discepoli suoi e a Piero che elli li precederà in Galilea ; e quivi lo vederete, sì come vi disse" ». On ne connaît pas de source à cette interprétation allégorique du texte biblique et Fioravanti (p. 737) commente : « Dante costruisce una sua originale ed elaborata interpretazione allegorica da far invidia al più sottile degli esegeti dell'età mezzo ».

aspect était comme la foudre et ses vêtements comme la neige[1].

Pour apprécier à sa juste valeur cette exégèse originale, il convient de rappeler qu'avec la tradition Dante conçoit trois formes de bonheur, celui de la vie active que l'homme obtient par les quatre vertus cardinales, celui de la vie contemplative qui se réalise dans la spéculation et celui que procure la vision de l'essence divine. Contrairement à Thomas d'Aquin, Dante ne conçoit pas ces trois béatitudes selon le modèle de la subordination : tout en admettant une hiérarchie, Dante n'interprète pas la gradation comme une subordination, bien au contraire, il réclame pour chaque degré son autonomie et sa légitimité propre, comme Étienne Gilson l'a fort judicieusement précisé[2]. Or, et cela est capital, le bonheur auquel l'homme – par sa propre opération et selon le seul fondement de la raison –, peut pleinement

1. *Conv.*, IV, XXII, 15, Fioravanti, p. 736-738 : « Per queste tre donne si possono intendere le tre sette della vita attiva, cioè li Epicurî, li Stoici e li Peripatetici, che vanno al monimento, cioè al mondo presente che è recettaculo di corruttibili cose, e domandano lo Salvatore, cioè la beatitudine, e non lo truovano ; ma uno giovane truovano in bianchi vestimenti, lo quale, secondo la testimonianza di Mateo e anche delli altri [Evangelisti], era angelo di Dio. E però Mateo disse : "L'angelo di Dio discese di cielo, e vegnendo volse la pietra e sedea sopra essa. E 'l suo aspetto era come folgore, e le sue vestimenta erano come neve" ».
2. É. Gilson, *Dante et la philosophie*, Paris, Vrin, 1972. Selon Gilson, on approche ici « de ce qui fut sans doute la pensée de Dante la plus personnelle » (p. 139) : « Cette manière de fonder l'autonomie d'un ordre inférieur sur son infériorité même est typiquement dantesque, et je dirais que nous la rencontrerons de nouveau à l'œuvre lorsqu'il s'agira d'assurer l'indépendance de l'Empire à l'égard de l'Église, si ce n'était précisément cette fonction qu'elle venait de remplir ici sous nos yeux. À l'inverse de celui de saint Thomas d'Aquin, l'univers de Dante est un univers tel que nulle hiérarchie de juridiction, mais plutôt leur indépendance réciproque, n'y résulte jamais de la hiérarchie des dignités » (p. 141).

accéder ici et maintenant est *celui de la vie active* : elle est « strictement propre à l'homme »[1].

Il en résulte que les trois écoles antiques (d'où les platoniciens sont absents) l'ont mené à sa perfection. Est-il dès lors permis de rapprocher de ces vues un passage controversé du livre III du *Convivio* en rapport avec les trois écoles philosophiques où il est question des *Athènes célestes*?

> Par ces trois vertus, l'on monte philosopher en ces Athènes célestes, où les Stoïciens, Péripatéticiens et Épicuriens concourent en une volupté unanime à la recherche de la vérité éternelle[2].

La difficulté de ce texte se manifeste par une double opposition : entre les trois vertus (foi, espérance et charité) et les trois écoles philosophiques d'abord ; et entre Athènes qui représente la culture païenne et l'adjectif céleste ensuite. Les Athènes célestes signifient-elles le Paradis ?[3] Sans

1. Gilson, *Dante et la philosophie*, *op. cit.*, p. 138.
2. *Conv.*, III, xiv, 15, Fioravanti, p. 494-496, Bec, p. 291 : « Per le quali tre virtudi si sale a filosofare a quelle Atene celestiali dove li Stoici e Peripatetici e Epicurî, per la luce della veritade etterna, in uno volere concordevolemente concorrono ».
3. Telle est, par exemple, l'idée de Vasoli (*Convivio*, p. 468) ; voir aussi l'interprétation de Fioravanti (p. 494-497). Ricklin (*Das Gastmahl*, III, p. 395) rejette à juste titre, me semble-t-il, cette identification : « das himmlische Athen ist nicht mit dem himmlischen Paradies zu identifizieren ». Il suggère de rapprocher l'endroit visé avec le "nobile castello" de l'Enfer (*Inferno*, IV) dont il était déjà question. Même si l'on accepte pas cette identification locale, il paraît en revanche très probable que ce passage se réfère au bonheur qui est possible par la démarche philosophique – et c'est donc celui dont parle l'interprétation allégorique du texte de saint Marc (le commentaire de Ricklin est très éclairant, p. 391-397). Pour bien comprendre ce bonheur limité, possible à la philosophie, il faut également tenir compte de ce que Dante développe

vouloir nier les difficultés de ce texte, je crois que l'on peut l'interpréter en conformité avec la conception dantesque de la philosophie, en suggérant que l'interprétation de ce dont il est question dans ces deux passages du *Banquet* doit tenir compte de la doctrine du bonheur auquel l'homme peut parvenir par la voie de la raison et qui, dans le chapitre final de la *Monarchia*, est bien distingué de celui que la foi promet, sans lui être subordonné et sans qu'il existe une concurrence entre les deux[1].

CONCLUSION

L'admiration de Dante pour la philosophie antique est incontestable, mais on peut se demander sur quoi elle porte ; qu'admire-t-il chez les philosophes antiques, si ce n'est qu'ils ont donné l'exemple de l'amitié intégrale pour la sagesse ? Un magnifique passage du *Banquet* l'atteste :

> Les excellents philosophes nous l'ont montré ouvertement dans leurs actes, et nous savons qu'ils ont méprisé toutes

dans *Conv.*, III, xv où il explique que le désir naturel de l'homme est proportionnel à ses capacités ; à propos de ce chapitre *cf.* R. Imbach, C. Pralong, *Le défi laïque, op. cit.*, p. 161-164, où j'ai essayé d'expliquer cette autolimitation de la philosophie.

1. Je veux parler de la béatitude de cette vie et la béatitude de la vie éternelle dont traite Dante dans *Monarchia* III, xvi, 8, Quaglioni, p. 232-233) : « Ad has quidem beatitudines, velut ad diversas conclusiones, per diversa media venire oportet. Nam ad primam per phylosophica documenta venimus, dummodo illa sequamur secundum virtutes morales et intellectuales operando ; ad secundam vero per documenta spiritualia que humanam rationem transcendunt, dummodo illa sequamur secundum virtutes theologicas operando, fidem spem scilicet et karitatem ». Outre le commentaire dans l'édition de Chiesa/Tabarroni, il convient de consulter les études de B. Nardi, *Dal « Convivio », alla « Commedia ». Sei saggi danteschi*, Roma, Istituto Storico Italiano per il Medio Evo, 1960, p. 66-96 et 285-313, et le chapitre que Gilson consacre à la *Monarchia*, dans son *Dante et la philosophie, op. cit.*, p. 163-222.

les choses sauf la sagesse. Ainsi Démocrite, insoucieux de sa propre personne, ne se coupait ni la barbe ni les cheveux ni les ongles ; Platon, insoucieux des biens temporels, méprisa la dignité royale, alors qu'il était fils de roi ; Aristote, insoucieux de tout autre ami que la sagesse, combattit son meilleur ami, Platon, qu'on vient justement de nommer. Et pourquoi parler d'eux, alors que nous en trouvons d'autres qui, pour ces pensées, méprisèrent leur vie : tel Zénon, Socrate, Sénèque et bien d'autres ?[1]

Ces philosophes ont méprisé toutes choses sauf la sagesse. Dante termine l'énumération de quelques exemples de mépris exemplaires pour les choses mondaines par la mention de Zénon, de Socrate et de Sénèque qui ont sacrifié leur vie à la philosophie. Leur amitié pour la sagesse fut donc honnête et vertueuse[2]. À ces trois noms on peut associer celui de Caton d'Utique, le seul sage de l'antiquité qui a pu véritablement être sauvé, selon Dante. Cette haute figure qu'il a placée à l'entrée du *Purgatoire* réunit à la fois le projet philosophique et l'idéal politique puisque, selon les documents dont disposait Dante, il aurait lu le

---

1. *Conv.*, III, XIV, 8, Fioravanti, p. 490, Bec, p. 280 : « Per che li filosofi eccellentissimi nelli loro atti apertamente lo ne dimostraro, per li quali sapemo essi tutte l'altre cose, fuori che la sapienza, avere messe a non calere. Onde Democrito, della propia persona non curando, né barba né capelli né unghie si tollea ; Platone, delli beni temporali non curando, la reale dignitade mise a non calere, ché figlio di re fue ; Aristotile, d'altro amico non curando, contra lo suo migliore amico – fuori di quella – combatteo, sì come contra lo nomato Platone. E perché di questi parliamo, quando troviamo li altri che per questi pensieri la loro vita disprezzaro, sì come Zeno, Socrate, Seneca e molti altri ? E però è manifesto che la divina virtù, a guisa che in angelo, in questo amore nelli uomini discende ».

2. Pour le détail et les références précises *cf.* le commentaire de Ricklin, *Das Gastmahl*, III, p. 380-385.

Phédon de Platon avant de se donner la mort pour ne pas subir la tyrannie de César[1]. Lorsqu'il rédigea le *Banquet*, Dante préféra se taire sur ce haut fait, se sentant incapable d'en parler[2]. Dans le *Purgatoire* il dit, en revanche :

> Maintenant qu'il te plaise d'agréer sa venue :
> il va cherchant la liberté qui est si chère,
> comme le sait qui pour elle refusa la vie.

> Tu le sais, toi, puisque pour elle ne te fut point amère
> la mort dans Utique, où tu laissas
> la dépouille qui au grand jour sera glorieuse[3].

La recherche de la liberté qui selon Virgile caractérise Dante est associée à la mort de Caton qui a refusé la vie pour la liberté. Lorsque Dante évoque Caton dans la *Monarchie*, il parle de l'indicible sacrifice de cet

---

1. *Cf.* D. Carron, « Les suicides de Caton. Légendes médiévales autour de la mort d'un stoïcien médiéval », *Micrologus* XXI, 2013, p. 81-102 ; et surtout sa thèse de doctorat : *Le héros de la liberté. Les aventures philosophiques de Caton au Moyen Âge latin, de Paul Diacre à Dante*, soutenue à la Sorbonne en décembre 2010.

2. *Conv.*, IV, v, 16, Fioravanti, p. 582 : « O sacratissimo petto di Catone, chi presummerà di te parlare ? Certo maggiormente di te parlare non si può che tacere, e seguire Ieronimo quando nel proemio della Bibbia, là dove di Paulo tocca, dice che meglio è tacere che poco dire ». *Cf.* également *Conv.*, IV, xxviii, 6-19, et surtout *Monarchia* II, v, 14-15, Quaglioni, p. 1116-1120 : « Quod etiam Livius admiratur testificando. Accedunt nunc ille sacratissime victime Deciorum, qui pro salute publica devotas animas posuerunt, ut Livius, non quantum est dignum, sed quantum potest glorificando renarrat ; accedit et illud inenarrabile sacrifitium severissimi vere libertatis tutoris Marci Catonis. Quorum alteri pro salute patrie mortis tenebras non horruerunt ; alter, ut mundo libertatis amores accenderet, quanti libertas esset ostendit dum e vita liber decedere maluit quam sine libertate manere in illa ».

3. *Purg.*, I, 70-75, Inglese, p. 42-43 : « Or ti piaccia gradir la sua venuta : /libertà va cercando, ch'è sì cara, /come sa chi per lei vita rifiuta./ Tu 'l sai, ché non ti fu per lei amara/ in Utica la morte, ove lasciasti /la vesta ch'al gran dì sarà sì chiara ».

intransigeant défenseur de la liberté ayant voulu « embraser le monde d'amour pour la liberté ». La figure de Caton fait comprendre que la philosophie *morale* dont ces sages antiques sont les symboles et les exemples, inclut la *philosophie politique* et que sagesse et liberté sont indissociables. Mais cette figure manifeste aussi que dans la pensée de Dante nous pouvons parler d'un authentique primat de la raison pratique[1].

---

1. Je crois que sur ce point on peut rapprocher la philosophie de Dante de ce qu'affirme si remarquablement Kant, au terme de la *Critique de la raison pure.* Après avoir rappelé les trois questions fondamentales de la philosophie, le philosophe de Königsberg précise (*Critique de la raison pure*, B 828-829, trad. fr. A. Tremesaygues, B. Pacaud, Paris, Alcan, 1905, p. 622) : « Tout l'appareil de la raison dans le travail qu'on peut appeler philosophie pure n'a donc pour but, en fait, que les trois problèmes énoncés. Mais ceux-ci ont eux-mêmes, à leur tour, une fin plus éloignée, savoir : *ce qu'il faut faire* si la volonté est libre, s'il y a un Dieu et une vie future. Or, comme il s'agit ici de notre conduite par rapport à la fin suprême, le but final des sages dispositions de la nature prévoyante dans la constitution de notre raison n'appartient qu'à la seul morale ».

« OÙ EST CETTE JUSTICE QUI
LE CONDAMNE ? »
NOTULE SUR LE SORT DES PAÏENS CHEZ DANTE
ET THOMAS D'AQUIN

> La raison humaine a cette destinée singulière, dans un
> genre de ses connaissances, d'être accablée de
> questions qu'elle ne saurait éviter, car elles lui sont
> imposées par sa nature même, mais auxquelles elle ne
> peut répondre, parce qu'elles dépassent totalement le
> pouvoir de la raison humaine.
> Kant, *Critique de la raison pure*, préface 1781

> *Manifestum est autem quod ille qui nescit quo vadat,*
> *non potest directe ire, nisi forte a casu : ergo nec*
> *aliquis potest directe inquirere veritatem, nisi prius*
> *videat dubitationem.*
> Thomas d'Aquin, *Commentaire de la Métaphysique*

Pour les spécialistes comme pour le commun des
mortels, il semble hors de discussion que le Moyen Âge
latin est l'époque de la foi. Il est vrai que la très grande
majorité des témoignages artistiques et littéraires et plus
particulièrement les monuments architecturaux, plaident
en faveur d'une telle interprétation générale de l'ère
médiévale. L'observateur moderne, plus exactement celui
du XXIᵉ siècle, se pose dès lors une série de questions :
existait-il au Moyen Âge une conscience de l'existence
d'autres religions ? De quelle nature et de quelle qualité

était la réflexion médiévale concernant les autres religions[1] ? Peut-on parler d'une incroyance au Moyen Âge[2] ? Comment les théologiens médiévaux ont interprété le destin des millions d'hommes qui n'ont pas pu connaître la foi chrétienne ?

Ces questions sont difficiles et ardues, et il est impossible de vouloir en traiter exhaustivement dans cette petite notule. Mon propos est plus modeste, je souhaite simplement signaler qu'il existait une certaine conscience de cet ensemble de problèmes chez quelques auteurs du Moyen

---

1. La question est : peut-on vraiment donner raison à J. Le Goff (*Un autre Moyen Âge*, Paris, Gallimard, 2006, p. 1252) lorsqu'il dit : « …le christianisme médiéval ne s'intéressait guère qu'aux chrétiens et à ceux qui en avaient été les prédécesseurs immédiats, les justes de l'Ancient Testament […] Il ne semble pas que les théologiens professionnels se soient beaucoup intéressés au sort de l'humanité païenne, antique ou contemporaine, même pas à ses grands hommes » ?

2. Voir à ce sujet D. Weltecke, *« Der Narr spricht : es ist kein Gott ». Atheismus, Unglauben und Glaubenszweifel vom 12. Jahrhundert bis zur Neuzeit*, Frankfurt, Campus, 2010 ; P. Dinzelbacher, *Unglaube im « Zeitalter des Glaubens » : Atheismus und Skeptizismus im Mittelalter*, Badenweiler, Bachmann, 2009. Pour une approche différente *cf.* C. König-Pralong, « Situation et fonctions sociales du croire dans la scolastique médiévale. Godefroid de Fontaines contre Henri de Gand », dans P. Gisel, S. Margel, (éd.), *Le croire au cœur des sociétés et des cultures. Différences et déplacements*, Turnhout, Brepols, 2011, p. 81-103 ; J.-C. Schmitt, « La croyance au Moyen Âge », « Du bon usage du "credo" », dans *Le corps, les rites, les rêves, le temps. Essai d'anthropologie médiévale*, Paris, Gallimard, 2001, p. 77-96, 97-128. Il convient évidemment de bien distinguer le problème de l'incroyance et celui, épistémologique, du doute et du scepticisme. Sur ce dernier point *cf.* D. Perler, *Zweifel und Gewissheit : skeptische Debatten im Mittelalter*, Frankfurt, Klostermann, 2006. Concernant les doctrines philosophiques de la croyance *cf.* Ch. Grellard, *De la certitude volontaire. Débats nominalistes sur la foi à la fin du Moyen Âge*, Paris, Publications de la Sorbonne, 2014 ; et, du même auteur, *La possibilità dell'errore. Pensare la tolleranza nel medioevo*, Canterano, Aracne, 2020.

Âge même si leurs solutions ne peuvent sans doute plus nous satisfaire aujourd'hui. Pour nous familiariser avec ce problème lancinant on peut présenter deux témoignages contradictoires :

Dans sa *Somme théologique* (II-II, q. 11, art. 3)[1], Thomas d'Aquin pose explicitement la question si la société doit tolérer des hérétiques. Il convient de noter ici que selon la terminologie précise du théologien italien, un hérétique est une personne qui proclame des idées déviantes concernant la foi chrétienne. Dans un passage significatif, il distingue avec précision les différentes formes d'infidélité :

> Si l'infidélité est jugée par rapport à la foi, les espèces d'infidélité sont diverses et en nombre déterminé. Puisque, en effet, le péché d'infidélité consiste à résister à la foi, cela peut arriver de deux manières. Ou bien parce qu'on résiste à la foi sans l'avoir encore reçue, et telle est l'infidélité des païens ou gentils. Ou bien parce qu'on résiste à la foi chrétienne après l'avoir reçue, soit en figure, et telle est l'infidélité des juifs, soit dans sa pleine révélation de vérité, et telle est l'infidélité des hérétiques. Aussi peut-on partager l'infidélité en général entre ces trois espèces[2].

---

1. Pour une présentation de cette œuvre *cf.* R. Imbach, A. Oliva, *La philosophie de Thomas d'Aquin*, Paris, Vrin, 2009, p. 121-129.

2. *ST* II-II, q. 10, art. 5, traduction p. 79 : « Sic ergo dicendum est quod, si infidelitas attendatur secundum comparationem ad fidem, diversae sunt infidelitatis species et numero determinatae. Cum enim peccatum infidelitatis consistat in renitendo fidei, hoc potest contingere dupliciter. Quia aut renititur fidei nondum susceptae, et talis est infidelitas paganorum sive gentilium. Aut renititur fidei Christianae susceptae, vel in figura, et sic est infidelitas Iudaeorum ; vel in ipsa manifestatione veritatis, et sic est infidelitas haereticorum. Unde in generali possunt assignari tres praedictae species infidelitatis ». Sur la notion d'hérésie *cf. ST* II-II, q. 11, art. 1, et aussi C. Spicq, « La malice propre du péché d'hérésie », *Divus Thomas* (Piacenza) 32, 1929, p. 143-159.

En ce qui concerne les hérétiques, Thomas pense que la société chrétienne doit, vu la gravité de leur péché, les exterminer. Voici le texte :

> En ce qui concerne les hérétiques, il y a deux choses à considérer, une de leur côté, une autre du côté de l'Église. De leur côté il y a péché. Celui par lequel ils ont mérité non seulement d'être séparés de l'Église par l'excommunication, mais aussi d'être retranchés du monde par la mort. En effet, il est beaucoup plus grave de corrompre la foi qui assure la vie de l'âme que de falsifier la monnaie qui sert à la vie temporelle. Par conséquent, si les faux-monnayeurs ou autres malfaiteurs sont immédiatement mis à mort en bonne justice par les princes séculiers, bien davantage les hérétiques, aussitôt qu'ils sont convaincus d'hérésie, peuvent-ils être non seulement excommuniés mais très justement mis à mort[1].

Le jugement de Thomas sur ce point est sans équivoque[2]. Un autre témoignage, un peu plus tardif, il est vrai, nous

---

1. *ST* II-II, q. 11, art. 3, traduction, p. 91. Voir également IV *Sent.*, lib. 4, d. 13, q. 2, art. 3.

2. Notons que Thomas pose, à propos des relations des chrétiens avec les infidèles, un certain nombre de questions qui mériteraient une analyse approfondie : « Utrum sit cum infidelibus publice disputandum » (*ST* II-II, q. 10, art. 7). Faut-il contraindre les infidèles à la foi (art. 8)? Pas moins intéressante est la question si les chrétiens peuvent être gouvernés par des infidèles (q. 10, art. 10) et s'il faut tolérer les rites des infidèles (q. 10, art. 11) : « Sic igitur, quamvis infideles in suis ritibus peccent, tolerari possunt vel propter aliquod bonum quod ex eis provenit, vel propter aliquod malum quod vitatur ». Thomas se prononce clairement contre le baptême forcé qui à son avis serait très dangereux pour la foi (q. 10, art. 11); une telle pratique est contre la justice naturelle selon lui. Sur cette problématique difficile *cf.* E. Marmursztejn, S. Piron, « Duns Scot et la politique. Pouvoir du prince et conversion des juifs », dans *Duns Scot à Paris, 1302-2002*, éd. O. Boulnois, E. Karger, J.-L. Solère, G. Sondag, Turnhout, Brepols, 2004, p. 21-62.

apprend que nos appréciations mériteraient indiscutablement quelques nuances. Il devait exister, si je puis m'exprimer ainsi, une certaine place pour l'incroyance dans la société médiévale. Dans le *Décaméron* de Boccace nous lisons, en effet, une nouvelle fort étrange à bien des égards. Le héros de cette nouvelle est l'ami de Dante, à savoir le poète Guido Cavalcanti dont il est dit que tout son effort intellectuel principal consistait à vouloir prouver que Dieu n'existe pas[1]. Il faudrait ici interpréter la signification plénière de cette nouvelle fort intéressante ; pour notre propos, il suffit de retenir ce témoignage qui suggère au lecteur que l'on a reproché à un contemporain de Dante d'avoir employé tout son pouvoir intellectuel pour trouver une preuve philosophique de la non-existence de Dieu. Ce témoignage atteste qu'il existait malgré tout une petite niche pour ceux qui ont une opinion divergente en ce qui concerne les sujets religieux[2].

Il faut à présent revenir à l'une de nos questions initiales : que pensaient les théologiens médiévaux du destin des infidèles ?

I. UNE CERTAINE CONSCIENCE DU PROBLÈME

Beaucoup de textes médiévaux attestent que certains auteurs de cette époque étaient conscients que l'existence d'autres religions pose un problème sérieux pour le chrétien. J'en veux pour preuve le *Dialogue* de Pierre Abélard où le penseur du XIIe siècle met en scène un juif, un chrétien et un philosophe, et quelle que soit la signification profonde de cette œuvre, elle est basée sur la constatation de la

---

1. *Decameron* VI, 9.
2. Voir à ce sujet l'ouvrage important de D. Weltecke, « *Der Narr spricht : es ist kein Gott* », *op. cit.*

différence des deux religions qui apparaissent déjà dans
le titre de l'œuvre[1]. Plus remarquable est le témoignage
de Raymond Lulle dont le *Livre du gentil et des trois sages*
déplore ouvertement les malheurs que la diversité des
religions cause dans l'humanité[2]. Lulle n'évoque pas

---

1. *Dialogus inter Philosophum, Iudaeum, et Christianum*. Pour
l'édition critique de ce texte *cf.* P. Abelard, *Collationes*, ed. J. Marenbon,
G. Orlandi, Oxford, Oxford University Press, 2001 ; il en existe une
traduction française : P. Abélard, *Conférences : dialogue d'un philosophe
avec un juif et un chrétien ; Connais-toi toi-même : éthique*, introd., trad.
fr. M. de Gandillac, Paris, Le Cerf, 2011. Pour l'interprétation de ce texte
cf. J. Marenbon, *The philosophy of Peter Abelard*, Cambridge, Cambridge
University Press, 1997 ; C. Mews, « Peter Abelard and the Enigma of
Dialogue », *in* J. Ch. Laursen, C. J. Nederman (eds.), *Beyond the
Persecuting Society. Religious Toleration Before the Enlightenment*,
Philadelphia, University of Pennsylvania Press, 1999, p. 25-52 ;
H. Westermann, « Wahrheitssuche im Gespräch. Überlegungen zu Peter
Abaelards *Dialogus inter Philosophum, Iudaeum et Christinaum* », *in*
K. Jacobi (ed.), *Gespräche lesen. Philosophische Dialoge im Mittelalter*,
Tübingen, G. Narr, 1999, p. 157-197 ; P. von Moos, *Gesammelte Studien
zum Mittelalter*, vol. 1, *Abaelard und Heloise*, Münster, LIT, 2005,
p. 327-377 ; St. Seit, « "Dilectio consummatio legis" – Abaelards "Gespräch
eines Philosophen, eines Juden und eines Christen" und die Grenzen einer
rationalen Gotteslehre », *in* M. Lutz-Bachmann, A. Fidora (ed.), *Juden,
Christen und Muslime. Religionsdialoge im Mittelalter*, Darmstadt, WBG,
2004, p. 40-95. Sur le rapport de Pierre aux philosophes païens
cf. T. Gregory, *Sapientia mundana*, Roma, Storia e letteratura, 1992 ;
J. Jolivet, « Doctrines et figures de philosophes », *in* R. Thomas, *Petrus
Abaelardus, Person, Werk und Wirkung*, Trier, Paulinus Verlag, 1980,
p. 103-120.

2. Raymond Lulle, *Le livre du gentil et des trois sages*, trad. fr. D.
de Courcelles, Combas, Éditions de l'Éclat, 1992 ; à ce propos, toujours
de D. de Courcelles, cf. *La parole risquée de Raymond Lulle : entre
judaïsme, christianisme et islam*, Paris, Vrin, 1993. Voir aussi R. Sugranyes
de Franch, « Le "Livre du Gentil et des trois sages" de Raymond Lulle »,
Juifs et judaïsme du Languedoc : XIIIᵉ siècle-début du XIVᵉ siècle, Tolouse,
Privat, 1977, p. 319-335 ; A. Fidora, « Ramon Llull – Universaler Heilswille
und universale Vernunft », in *Juden, Christen und Muslime, op. cit.*,
p. 119-135 ; H. Daiber, « Raimundus Lullus in der Auseinandersetzung

seulement le problème que pose cette diversité, il fait parler un païen, un gentil comme il dit, et la situation de ce personnage est décrite comme suit :

> Il advint par disposition divine qu'il y eut en une terre un gentil très sage en philosophie, et il considérait sa vieillesse et la mort et les délices de ce monde. Ce gentil ne connaissait pas Dieu, ne croyait pas en la résurrection et pensait qu'après la mort il n'y avait rien. Alors qu'il considérait de cette manière, ses yeux se remplirent de larmes et de pleurs et son cœur de soupirs, de tristesse et de douleur ; car le gentil aimait tant cette vie, et la pensée de la mort et l'idée qu'au-delà de sa mort il ne serait rien lui causait tant d'horreur, qu'il ne pouvait ni se consoler, ni s'abstenir de pleurer, ni rejeter la tristesse de son cœur[1].

Ce philosophe qui maudit le fait d'être né, rencontre trois sages, à savoir un chrétien, un juif et un musulman et il se plaint de son malheur. Les trois sages vont lui présenter ensuite les trois religions comme autant de réponses à ces questions lancinantes sur le sens de l'existence humaine. À lui de choisir ensuite celle qui répond le mieux à son attente. Le dialogue de Lulle est un témoignage impressionnant de tolérance[2] car le lecteur n'apprend pas quel fut finalement le choix du gentil. L'ouvrage se termine

mit dem Islam. Eine philosophiegeschichtliche Analyse des "Liber disputationis Raimundi et Homeri Saraceni" », in *Juden, Christen und Muslime, op. cit.*, p. 136-172.

1. *Le livre du gentil, op. cit.*, p. 30-31.

2. Sur les possibilités et les limites de la tolérance au Moyen Âge *cf.* G. Wieland, « Das Eigene und das Andere. Theoretische Elemente zum Begriff der Toleranz im hohen und späten Mittelalter », *in* A. Patschovsky, H. Zimmermann (ed.), *Toleranz im Mittelalter*, Sigmaringen 1998, p. 11-25. Sur ce sujet également, Ch. Grellard, *La possiblità dell'errore, op. cit.*

par cette constatation des trois sages et par un souhait, un passage étonnant et digne d'attention :

> Et nous nous aimerions et nous aiderions alors les uns les autres et il n'y aurait plus parmi nous de différences ni d'oppositions de foi et de coutumes. Car c'est à cause de ces différences et de ces oppositions que nous nous guerroyons et nous entretuons, et que nous sommes les uns prisonniers des autres ; cette guerre, cette mort, cette servitude empêchent de donner à Dieu la louange, la révérence et l'honneur que nous devons lui donner tous les jours de notre vie[1].

Toutefois, il ne faut pas oublier que l'intention de Lulle est de trouver une unité de la foi, il entend ramener la diversité des religions à une seule religion de la raison[2]. Nicolas de Cues, lorsqu'il rédigera, après la chute de Constantinople son traité *De la paix de la foi* poursuivra le même but[3]. Il s'agit de trouver une seule religion qui est conforme à la raison. Le projet de Lulle présuppose la constatation de la diversité mais vise le dépassement de

---

1. *Le livre du gentil*, p. 235.

2. Il est sans doute prudent de relativiser ces déclarations et il convient de les considérer avec le scepticisme indispensable de l'historien qui doit toujours faire preuve de méfiance ; cependant il ne reste pas moins qu'un auteur déplore ici en toutes lettres la violence et les guerres que la diversité des religions entraîne.

3. *Cf.* Nicolas de Cues, *La paix de la foi, suivi de La lettre à Jean de Ségovie*, trad. fr. H. Pasqua, Paris, Téqui, 2008. Pour la compréhension de ce texte *cf.* M. Riedenauer, « Logik, Rationalität und religiöse Rede nach Nikolaus von Kues », in *Juden, Christen und Muslime, op. cit.*, p. 192-220 ; H. Schrödter, « Religion zwischen Diskurs und Gewalt : Diskurstheoretische Elemente bei Nikolaus von Kues », in *Juden, Christen ud Muslime, op. cit.*, p. 221-238 ; on conslutera aussi l'ouvrage collectif : D. Larre (dir.), *Nicolas de Cues, penseur et artisan de l'unité*, Lyon, ENS éditions, 2005.

la diversité par une démarche rationnelle. En d'autres termes, le projet utopique occulte en quelque sorte un autre problème qu'un chrétien éveillé et critique devait se poser lorsqu'il analysait sa religion et quelques-uns de ses dogmes sans complaisance, en tenant compte de l'existence d'autres religions et du paganisme : quel est en effet le sort de tous ces hommes qui n'ont pas accueilli la foi chrétienne et qui dans l'avenir ne l'embrasseront point ?

Dante compte parmi ces chrétiens qui ont été inquiétés par ce problème redoutable[1].

---

1. L'étude la plus complète à ma connaissance et qui est encore très précieuse sur l'histoire du problème du salut des infidèles reste l'ouvrage de L. Capéran, *Le problème du salut des infidèles*, 2 vol., nouvelle édition, Toulouse, Grand Séminaire, 1934. L'ouvrage de P. von Moos, *Heiden im Himmel. Geschichte einer Aporie zwischen Mittelalter und Früher Neuzeit*, Heidelberg, Winter, 2014, mérite évidemment une mention spéciale : l'auteur retrace avec une admirable érudition et une remarquable sagacité l'histoire de ce qu'il traite à juste titre d'aporie, celle du salut des infidèles. Ce volume contient une édition critique du texte de Lambertus de Monte : « Questio magistralis a venerando magistro Lamberto de Monte artium et sacre theologie professore eximio vigilantissime congesta, ostendens per autoritates scripture divine quid iuxta saniorem doctorum sententiam probabilius dici possit de salvatione Aristotelis Stagerite nati Nichomachi grecorum omnium sapientissimi. » À propos du même texte *cf.* S. Negri, « La Quaestio "De salvatione Aristotelis" die Lamberto di Monte », *in* A. Palazzo, *L'antichità classica nel pensiero medievale*, Porto, FIDEM, 2011, p. 413-440. Suite à M. Grabmann, j'ai édité et commenté un petit texte qui date du temps de Dante : « Aristoteles in der Hölle. Eine anonyme Questio "utrum Aristoteles sit salvatus" im cod. Vat. lat. 1012 (127ra-127va). Zum Jenseitsschicksal des Stagiriten », *in Peregrina Curiositas, eine Reise durch den orbis antiquus zu Ehren von Dirk van Damme*, éd. A. Kessler, Th. Ricklin, G. Wurst, Freiburg-Göttingen, Universitätsverlag, Vandenhoeck & Ruprecht, 1994, p. 297-318.

II. LA DESTINÉE D'ARISTOTE ET DE VIRGILE
SELON L'ALIGHIERI

Au XIXe chant du *Paradis*, Dante implore l'aigle, le symbole de l'Empire romain, de le libérer d'un doute qui l'assaille depuis longtemps déjà. Le poète ne doit même pas articuler sa question, l'aigle l'a déjà devinée :

> …sapete qual è quello
> dubbio che m'è digiun cotanto vecchio.

> …vous savez quel est
> ce doute qui m'est un jeûne si ancien[1].

Dans une longue et ample réponse, l'aigle vilipende d'abord l'hybris, l'orgueil des hommes qui veulent savoir plus qu'il ne convient :

> « Donc notre vision, qui doit
> être un des rayons de cette intelligence
> dont toutes choses sont pleines,

---

1. *Par.*, XIX, 32-33, Inglese, p. 248. Le doute concernant le salut des païens et le problème théologique qui y est lié est clairement exposé dans la *Monarchia* II, VII, 4, Quaglioni, p. 1142 : « Quedam etiam iudicia Dei sunt, ad que etsi humana ratio ex propriis pertingere nequit, elevatur tamen ad illa cum adiutorio fidei eorum que in sacris Licteris nobis dicta sunt, sicut ad hoc, quod nemo, quantumcunque moralibus et intellectualibus virtutibus et secundum habitum et secundum operationem perfectus, absque fide salvari potest, dato quod nunquam aliquid de Cristo audiverit ». La doctrine articulée dans la *Monarchia* est également présentée dans le chant XX du *Paradis* où il est expliqué que Trajan et Riphée sont sauvés ; *cf.* en particulier les vers 88-92, Berthier, p. 868-869 : « Je vois que tu crois ces choses / parce que je les dis ; mais tu ne vois pas le comment, / tellement qu'elles sont crues et pourtant cachées. / Tu fais comme celui qui une chose par son nom / apprend bien : mais pour l'essence, / il ne peut la voir, si nul autre ne l'explique ».

ne peut de sa nature être puissante
assez, pour que son principe[1] ne discerne pas
bien au-delà de ce qui lui apparaît.

C'est pourquoi dans la justice éternelle
la vue qu'en reçoit votre monde,
pénètre à l'intérieur comme le regard dans la mer ;

où, quoique de la rive il voit le fond
en pleine mer il ne le voit pas ; et néanmoins
il y est : mais sa profondeur même le cache…

Il n'y a de lumière que celle qui vient de la splendeur
qui ne se trouble jamais : le reste est ténèbres,
ou ombre de la chair, ou encore son poison.

Assez maintenant t'est ouverte l'obscurité
qui te cachait la justice vivante,
sur laquelle tu questionnes si souvent »[2].

La créature finie est incapable de saisir l'infinité de
Dieu ; les raisons de sa justice sont cachées à l'homme.
Une très belle image est censée faire comprendre cet
aspect : on peut voir le fond d'une rivière, mais nous
sommes incapables de voir le fond de l'océan.

---

1. Il faut ici corriger la traduction de Berthier qui donne « auteur »
à la place de principe.
2. *Par.*, XIX, 52-69, Inglese, p. 249-250, Berthier, p. 856-857 :
« Dunque vostra veduta, che convene / essere alcun de' raggi della
mente / di che tutte le cose son ripiene, / non pò da sua natura esser
possente / tanto, che suo principio non discerna / molto di là da quel che
l'è parvente. / Però nella giustizia sempiterna / la vista che riceve il vostro
mondo, / com'occhio per lo mare, entro s'interna : / che, benché dalla
proda veggia il fondo, / in pelago no 'l vede, e nondimeno / èli, ma cela
lui l'esser profondo. / Lume non è se non vien dal sereno / che non si
turba mai, anzi è tenèbra : / o ombra della carne o suo veleno. / Assai t'è
mo aperta la latebra / che t'ascondeva la giustizia viva / di che face'
question cotanto crebra ».

Il faut cependant étudier la manière dont l'aigle résume le doute qui inquiète Dante :

> Tu disais : « Un homme naît sur la rive
> de l'Indus, et là il n'y a personne qui parle
> du Christ, ni qui lise, ni qui écrive de lui :
>
> et tous ses vouloirs et actes sont bons,
> autant que voit la raison humaine,
> sans péché dans sa vie et dans ses discours ;
>
> il meurt sans le baptême et sans la foi ;
> où est cette justice qui le condamne ?
> Où est sa faute s'il ne croit pas ? »[1]

Pour bien comprendre ce passage, un bref *excursus* géographique est nécessaire[2]. Selon Dante, le monde habitable s'étend du Gange jusqu'au détroit de Gibraltar où se trouvent les célèbres Colonnes d'Hercule. Au centre de cette partie habitable de la terre située au nord de l'équateur, se trouve Jérusalem. L'Indus dont le texte parle se trouve donc à la frontière est du monde habitable. En parlant ainsi, notre poète veut indiquer un lieu très éloigné de la terre, un lieu à l'extrémité est du monde habitable.

Quant au doute lui-même, trois remarques s'imposent : Dante parle d'un homme qui n'a jamais entendu parler du christianisme. Cet homme a mené une vie exemplaire et

---

1. *Par.*, XIX, 70-78, Inglese, p. 251, Berthier, p. 857 : « che tu dicevi : "Un uom nasce a la riva / dell'Indo, e quivi non è chi ragioni / di Cristo né chi legga né chi scriva ; / e tutti suoi voleri e atti buoni / sono, quanto ragione umana vede, / sanza peccato in vita o in sermoni. / Muore non battezzato e sanza fede : / ov'è questa giustizia che 'l condanna ? / ov'è la colpa sua se el non crede ?" ».

2. Sur les conceptions géographiques de Dante *cf.* P. Boyde, *Dante Philomythes and Philosopher : Man in the Cosmos*, Cambridge, Cambridge University Press, 1981.

sans faute : *tutti suoi voleri e atti buoni sono.* Sa vie est *sanza peccato.* Et finalement Dante pose clairement et sans ambages la question : *Ov'è questa giustizia ch'l condanna?*

Selon le jugement de l'aigle de telles questions sont prohibées. Il insulte celui qui ose ainsi raisonner :

> « Or, toi, qui es-tu qui veux siéger dans la chaire
> pour juger à la distance de mille milles,
> avec une vue courte comme un empan ?
>
> Certes, pour celui qui avec toi subtilise,
> si l'Écriture n'était là au-dessus de vous
> il y aurait à douter jusqu'à émerveillement.
>
> Ô animaux terrestres ! Ô esprits grossiers[1] !
> La volonté première, qui par elle-même est bonne,
> jamais, étant le bien souverain, ne diffère d'elle-même.
>
> Tout est juste qui lui est conforme[2]
> nul bien créé à lui ne l'attire

1. Passage qui fait penser à *Conv.* IV, v, 9, Fioravanti, p. 576 : « E oh stoltissime e vilissime bestiuole che a guisa d'uomo voi pascete, che presummete contra nostra fede parlare e volete sapere, filando e zappando, ciò che Iddio con tanta prudenza hae ordinato ! Maladetti siate voi, e la vostra presunzione, e chia a voi crede ». Voir aussi *Questio de aqua et terra*, XXII, 77, Rinaldi, p. 742 : « Desinant ergo, desinant homines querere que supra eos sunt, et querant usque quo possunt, ut trahant se ad inmortalia et divina pro posse, ac maiora se relinquant ! ».

2. Il convient de noter, à la suite de plusieurs interprètes, que ce passage montre la conformité entre la doctrine de la *Commedia* et celle de la *Monarchia* où il est dit (II, ii, 4-5 ; Quaglioni, p. 1064-1066) : « Ex hiis iam liquet quod ius, cum sit bonum, per prius in mente Dei est, cum omne quod in mente Dei est sit Deus – iuxta illud : "Quod factum est in Ipso vita erat" – et Deus maxime se ipsum velit, sequitur quod ius a Deo, prout in eo est, sit volitum. Et cum voluntas et volitum in Deo sit idem, sequitur ulterius quod divina voluntas sit ipsum ius. (5) Et iterum ex hoc sequitur, quod ius in rebus nichil est aliud quam similitudo divine voluntatis ; unde fit quod quicquid divine voluntati non consonat, ipsum ius esse non possit, et quicquid divine voluntati est consonum, ius ipsum sit ».

mais c'est elle qui, en rayonnant, en est la cause »[1].

La fin du texte met en évidence le fait que selon Dante, la justice divine n'a besoin d'aucune justification extérieure ; elle est justifiée par elle-même. Le sens ultime de la décision divine échappe à l'homme, comme le le montre clairement le passage suivant du même chant :

> « … Telles
> sont mes notes pour toi, qui ne les entends point :
> tel est le jugement éternel pour vous, mortels »[2].

Le passage que nous venons de présenter brièvement n'est pas le seul où Dante aborde le problème qui nous préoccupe. Le chant IV de l'*Enfer* aborde la question des infidèles[3]. Dante et Virgile rencontrent ici les poètes et les philosophes de l'Antiquité – le chant s'ouvre par un entretien qui reflète la compassion des deux pèlerins. Ceux qui se trouvent dans le premier cercle de l'*Enfer* n'ont pas péché, leur unique faute est de ne pas croire :

---

1. *Par.*, XIX, 79-90, Inglese, p. 251-252, Berthier, p. 858 : « "Or tu chi sè che vuo' sedere a scranna, / per giudicar di lungi mille miglia / con la veduta corta d'una spanna ? / Certo a colui che meco s'assottiglia, / se la Scrittura sovra voi non fosse, / da dubitar sarebbe a maraviglia. / Oh terreni animali ! oh menti grosse ! / La prima Volontà, ch'è da sé buona, / da sé, ch'è sommo ben, mai non si mosse. / Cotanto è giusto quanto a lei consuona : / nullo creato bene a sé la tira, / ma essa, radïando, lui cagiona" ».

2. *Par.*, XIX, 97-99, Inglese, p. 253 : « Quali / son le mie note a te, che non le 'ntendi, / tal è il giudicio etterno a voi mortali ».

3. Sur ce chant *cf.* T. Bottagisio, *Il limbo dantesco : studi filosofici e letterari*, Padova, Editore Antoniana, 1898 ; F. Mazzoni, « Saggio di un nuovo commento alla *"Commedia"*. Il canto IV dell'*"Inferno"* », *Studi danteschi* XLII, 1965, p. 29-206 ; G. Padoan, « Il limbo dantesco », *Letture classensi* 3, 1970, p. 187-217 ; A. A. Iannucci, « Limbo : The Emptiness of Time », *Studi danteschi* LII, 1981, p. 69-128.

Le bon maître à moi : « Tu ne demandes pas
Quels sont ces esprits que tu vois ?
Or je veux que tu saches, avant d'aller plus loin,

qu'ils n'ont point péché, et, s'ils ont une récompense
elle ne suffit point, parce qu'ils n'eurent pas le Baptême,
qui est la porte de la Foi que tu crois »[1].

Dans un discours d'allure scolastique, Virgile précise que ces hommes – il s'agit entre autres d'Homère, Horace, Ovide, Électre, Énée – n'ont pas connu la vraie religion :

« Et s'ils vécurent avant le christianisme,
ils n'adorèrent point Dieu selon le devoir ;
et de ceux-ci je suis moi-même ;

pour ce défaut, et non pour autre crime,
nous sommes perdus, et notre seule souffrance
Est que sans espoir nous vivons dans le désir »[2].

Le destin de ces personnages est vraiment tragique : ils sont victimes d'un *désir infini*, leur destin est la soif d'un impossible salut. Selon la formule impressionnante de Virgile : ils vivent « sans espoir dans le désir ». Virgile lui-même appartient à cette communauté tragique du

---

1. *Inf.*, IV, 31-36, Inglese, p. 88, Berthier, p. 85 : « Lo buon maestro a me : "Tu non dimandi / che spiriti son questi che tu vedi ? / Or vo' che sappi, innanzi che più andi, / ch'ei non peccaro ; e s'elli hanno mercedi, / non basta, perché non ebber battesmo, / ch'è porta de la fede che tu credi" ».
2. *Inf.*, IV, 37-42 Inglese, p. 88-89, Berthier, p. 85 : « "e s'e' furon dinanzi al cristianesmo, / non adorar debitamente a Dio : / e di questi cotai son io medesmo. / Per tai difetti, non per altro rio, / semo perduti, e sol di tanto offesi / che sanza speme vivemo in disio" ». Dante précise ailleurs que désir et béatitude sont incompatibles (*Convivio* III, xv, 3, Fioravanti, p. 498) : « desiderio ‹…› lo quale essere non può con la beatitudine, acciò che la beatitudine sia perfetta cosa, e lo desiderio defettiva : ché nullo desidera quello che ha, ma quello che non ha, che è manifesto difetto ».

premier cercle de l'*Enfer*, mais nous y rencontrons
également la famille philosophique dont font partie Socrate,
Platon, Démocrite, Sénèque, Ptolémée, Avicenne et
Averroès. Toutefois ce groupe est dominé par Aristote
lui-même :

> Ayant élevé un peu les cils
> je vis le maître de ceux qui savent
> assis au centre de la philosophique famille.
>
> Tous l'admirent, tous lui font honneur.
> là je vis aussi Socrate et Platon,
> près de lui les autres se tiennent
>
> Démocrite, qui attribue le monde au hasard
> Diogène, Anaxagore et Thalès
> Empédocle, Héraclite et Zénon.
>
> Et je vis le bon collectionneur de plantes
> je veux dire Dioscoride, et je vis Orphée,
> Tullius, et Linus, et Sénèque le moraliste ;
>
> Euclide le géomètre et Ptolémée
> Hippocrate, Avicenne et Gallien
> Averroès qui fit le Grand Commentaire.
>
> Je ne puis les rappeler tous complètement
> parce que je suis si pressé par la longueur du thème
> que maintes fois pour dire les faits manque la parole[1].

---

1. *Inf.*, IV, 130-147, Inglese, p. 95-97, Berthier, p. 89-90 : « Poi che
inalzai un poco più le ciglia, / vidi 'l maestro di color che sanno / seder
tra filosofica famiglia. / Tutti lo miran, tutti onor li fanno : / quivi vid'ïo
Socrate e Platone, / che innanzi a li altri più presso li stanno ; / Democrito
che 'l mondo a caso pone, / Dïogenès, Anassagora e Tale, / Empedoclès,
Eraclito e Zenone ; / e vidi il buono accoglitor del quale, / Dïascoride
dico, e vidi Orfeo, / Tulïo e Lino e Seneca morale ; / Eüclide geomètra
e Tolomeo, / Ipocràte, Avicenna e Galïeno, / Averoìs che 'l gran comento
féo. / Io non posso ritrar di tutti a pieno, / però che sì mi caccia lunga
tema, / che molte volte al fatto il dir vien meno ».

« Le maître de ceux qui savent », ces mots qui désignent Aristote expriment l'admiration illimitée pour le philosophe par excellence. Selon l'expression du *Convivio* Aristote est en effet « le maître et le guide de la raison humaine »[1], mais Dante le désigne aussi dans son traité antérieur comme « mon maître »[2]. Il est certain que Dante souffre de son sort tragique et incompréhensible comme il déplore celui de Virgile qui incarne dans la symbolique de la *Divine Comédie* la raison humaine – au même titre que Béatrice représente la raison théologique.

Le chant VII du *Purgatoire* évoque encore une fois le cas de Virgile qui avoue ne pas avoir atteint le paradis parce que la foi lui manque :

> *Io son Virgilio ; e per null'altro rio*
> *Io ciel perdei che nou ave fé.*

> Je suis Virgile et pour nulle autre faute
> que de n'avoir pas eu la foi, j'ai perdu le ciel[1].

---

1. *Conv.*, IV, VI, 6-7, Fioravanti, p. 588-590 : « Che Aristotile sia dignissimo di fede e d'obedienza così provare si può. Intra operarii e artefici di diverse arti e operazioni, ordinate a una operazione od arte finale, l'artefice o vero operatore di quella massimamente dee essere da tutti obedito e creduto, sì come colui che solo considera l'ultimo fine di tutti li altri fini ‹…› E però che tutte l'umane operazioni domandono uno fine, cioè quello de l'umana vita, al quale l'uomo è ordinato in quanto elli è uomo, lo maestro e l'artefice che quello ne dimostra e considera, massimamente obedire e credere si dee. Questi è Aristotile : dunque esso è dignissimo di fede e d'obedienza ». Ce texte montre clairement qu'Aristote est le « maître de ceux qui savent » parce qu'il a le mieux saisi et expliqué la fin de l'existence humaine (selon la perspective de la raison). Sur le rapport de Dante à Aristote *cf.* L. Minio-Paluello, « Dante lettore di Aristotele », art. cit., ainsi que mon introduction à Dante Alighieri, *Das Gastmahl*, IV.

2. *Conv.*, I, IX, 9, Fioravanti, p. 158 : « il mio maestro ».

1. *Purg.*, VII, 7-8, Inglese, p. 101, Berthier, p. 402.

Dante précise la signification de ce fait à travers une assez ample explication :

> « Non pour avoir fait, mais pour n'avoir pas fait, j'ai perdu
> de voir le Soleil souverain que tu désires,
> et qui trop tard fut connu de moi.
>
> Il est un lieu là-bas, non point attristé par des tourments,
> mais seulement par les ténèbres, où les plaintes
> ne résonnent pas comme douleurs, mais comme soupirs.
>
> C'est là que je suis avec les petits innocents
> que mordirent les dents de la mort, avant
> que de la coulpe humaine ils fussent délivrés »[1].

Le poète romain expose ici dans un discours de nature théologique les raisons de son état. Il n'a pas commis activement de fautes ou de péchés, il se trouve dans les limbes avec les enfants non baptisés en raison d'un *Non fare* ; pour cette raison il ne peut voir Dieu. La même doctrine est exprimée au chant III du *Purgatoire* où Virgile exhorte les humains à être humbles : *State contenti, humane gente, al quia* (*Purg.*, V, 37). Contentez-vous du *quia*, dit le poète en présupposant dans son impératif la distinction scolastique entre une preuve à partir de la cause (*demonstratio propter quid*) et une démonstration qui se base sur la connaissance des effets et que les scolastiques désignent comme *demonstratio quia* – en se souvenant d'une célèbre

---

1. *Purg.*, VII, 25-33, Inglese, p. 102-103, Berthier, p. 403 : « Non per far, ma per non fare ho perduto / a veder l'alto Sol che tu disiri / e che fu tardi per me conosciuto. / Luogo è là giù non tristo di martìri / ma di tenebre solo, ove 'lamenti / non suonan come guai, ma son sospiri. / Quivi sto io coi pargoli innocenti / dai denti morsi de la morte avante / ch'e' fosser dall'umana colpa essenti ».

distinction du Stagirite[1]. L'impossibilité du salut pour Virgile est un fait *inintelligible* :

> « Sois contente, race humaine, du *quia* :
> car si tu avais pu tout voir,
> point n'était besoin qu'enfantât Marie.
>
> Tu as vu des désirs sans fruit,
> chez tels dont les désirs seraient apaisés,
> et qui les gardent éternellement pour la peine.
>
> Je parle d'Aristote et de Platon,
> et de bien d'autres ». Et là il inclina le front,
> ne dit plus rien et resta troublé[2].

Le profond chagrin de Virgile, *son désarroi* est l'expression symbolique de la *tristesse de Dante* qui se rend compte que la raison humaine est incapable de se sauver elle-même et qui demeure donc dans un éternel désir *inassouvi* et insatiable : « Et là, Virgile inclina le front, ne dit plus rien et resta troublé ». Le *silence* de Virgile revêt la plus haute signification : comment comprendre et accepter que les sages auxquels Dante doit tout et qu'il vénère profondément, comment accepter que Virgile et

---

1. La doctrine traditionnelle est bien résumée par Thomas d'Aquin, *ST* I, q. 2, art. 2 : « Respondeo dicendum quod duplex est demonstratio. Una quae est per causam, et dicitur propter quid, et haec est per priora simpliciter. Alia est per effectum, et dicitur demonstratio quia, et haec est per ea quae sunt priora quoad nos, cum enim effectus aliquis nobis est manifestior quam sua causa, per effectum procedimus ad cognitionem causae ».

2. *Purg.*, III, 37-45, Inglese, p. 60-61, Berthier, p. 366 : « "State contenti, umana gente, al quia : / ché, se potuto aveste veder tutto, / mestier non era parturir Maria. / E disiar vedeste sanza frutto : / tai che sarebbe lor disio quetato, / ch'etternalmente è dato lor per lutto : / io dico d'Aristotile e di Plato / e di molt'altri". E qui chinò la fronte, / e più non disse, e rimase turbato ».

Aristote ne peuvent être sauvés? L'impossibilité d'une réponse rationnelle et philosophique à cette question est la cause de ce silence tragique de Virgile et de la douleur déchirante qui le motive.

III. LA SOURCE THOMASIENNE
DE L'INTERROGATION DE DANTE

Une étude attentive de la doctrine thomasienne de l'incroyance et de l'infidélité peut montrer que, d'un côté, Dante dépend directement du théologien dominicain et que, de l'autre, il transforme de manière significative la doctrine thomasienne. Pour Thomas, il est tout à fait clair que l'homme ne peut être sauvé sans la foi :

> Il faut répondre que pour obtenir la vie éternelle, il est nécessaire d'avoir la foi qui est au-delà de la raison[1].

Notons que Thomas parle ici explicitement de la foi qui transcende la raison.

Le docteur angélique distingue en suivant la tradition théologique la foi explicite et la foi implicite ; il admet également que l'extension du contenu de la foi peut varier selon les époques mais il existe un contenu minimal de la foi chrétienne qui doit être cru de manière explicite pour

---

1. Thomas d'Aquin, *De veritate* q. 14, art. 10, Leonina, t. XXII, 2, p. 466a, lin. 138-140 : « Dicendum, quod habere fidem de his quae sunt supra rationem necessarium est ad vitam aeternam consequendam ». Sur la doctrine thomasienne du salut des infidèles *cf.* F. Daguet, « Le salut des non-chrétiens : un cas d'herméneutique du dogme », *Revue Thomiste* 110, 2010, p. 73-111 ; J.-P. Torrell, « Saint Thomas et les non-chrétiens », *Revue Thomiste* 106, 2006, p. 17-49. Concernant la doctrine plus spécifique de la foi voir C. Michon, « L'assentiment de la foi. Réflexions sur la définition de l'acte de foi par Thomas d'Aquin », dans L. Jaffro (éd.), *Croit-on comme on veut ? Histoire d'une controverse*, Paris, Vrin, 2013, p. 63-77.

pouvoir être sauvé : ce credo absolument minimal contient deux articles de foi, à savoir l'existence de Dieu et la providence divine :

> Unde quilibet tenetur explicite credere et omni tempore, Deum esse et habere providentiam de rebus humanis[1].

Dans des textes plus tardifs, Thomas inclut l'incarnation et la trinité :

> *Et ideo mysterium incarnationis Christi aliqualiter oportebit omni tempore esse creditam apud omnes diversimode tamen secundum diversitatem temporum et personarum*[2].

Rappelons que Thomas distingue différentes formes d'incroyance (*infidelitas*). L'incroyance des païens (*paganorum et gentilium*) est plutôt une peine qu'une faute :

> Si l'infidélité est prise dans le sens purement négatif, comme chez ceux qui n'ont absolument pas entendu parler de la foi, elle n'a pas raison de péché, mais plutôt de châtiment, parce que, une telle ignorance du divin est une conséquence du péché d'Adam[3].

En ce qui concerne les principes généraux de la doctrine, les deux penseurs italiens sont donc d'accord : l'homme ne peut être sauvé sans la foi. Il est à mon avis incontestable que Dante a dû connaître certains des textes thomasiens sur le sujet. J'en veux pour preuve notre passage du

---

1. *De veritate* q. 14, art. 11, éd. cit., p. 470b, lin. 26-128.
2. *ST* II–II, q. 2, art. 7.
3. *ST* II–II, q. 10, art. 1, traduction, p. 76 : « Si autem accipiatur infidelitas secundum negationem puram, sicut in illis qui nihil audierunt de fide, non habet rationem peccati, sed magis poenae, quia talis ignorantia divinorum ex peccato primi parentis est consecuta ».

XIXe chant du *Paradis* où il parle de cet Indien qui n'a jamais entendu parler du Christ. On peut comparer ce passage – que nous avons cité – avec une objection que Thomas formule dans la question disputée *De veritate* :

> Si nous admettons que pour le salut il est nécessaire de croire quelque chose explicitement, il s'ensuit quelque chose qui ne convient pas : il est en effet possible que quelqu'un soit nourri dans les forêts ou parmi les loups ; un tel homme ne peut rien connaître de la foi de manière explicite. Et de cette manière il y aurait quelqu'un qui est nécessairement damné, ce qui est aberrant[1].

La réponse que Thomas propose à cette objection est intéressante, elle n'est pas tout à fait identique à celle de Dante :

> Il faut dire que l'inconvénient [évoqué] ne suit pas si l'on admet que n'importe qui est tenu de croire quelque chose explicitement. Si l'on [suppose] que quelqu'un a été nourri dans la forêt et parmi les bêtes sauvages, il revient à la divine providence de pourvoir pour chaque homme à ce qui lui est nécessaire pour le salut, pour autant que de sa part il n'y a pas d'empêchement. Si en effet quelqu'un a été nourri de cette manière, s'il suivait les indications de la raison naturelle dans le désir du bien et la fuite du mal, il faut tenir de manière très certaine que Dieu lui révélerait par une inspiration interne ce qui est nécessaire de croire ou il dirigerait un prédicateur de

---

1. *De veritate* q. 14, art. 11, objection 1, éd. cit., p. 469, lin. 4-11 : « Sed si ponamus quod sit necessarium ad salutem quod aliquid explicite credatur, sequitur inconveniens : Possibile est enim aliquem nutriri in silvis vel inter lupos, et talis non potest explicite aliquid de fide cognoscere, et sic erit aliquis homo qui de necessitate damnabitur, quod est inconveniens ». Sur la question du salut des païens chez Thomas *cf.* Th. Ohm, *Die Stellung der Heiden zu Natur und Übernatur nach dem hl. Thomas von Aquin. Eine missionstheoretische Untersuchung*, Münster, Aschendorff, 1927.

la foi vers lui, comme il a envoyé Pierre à Corneille, Act. 10[1].

Thomas admet que la providence divine se soucie de tout individu et communique d'une manière ou d'une autre ce qu'il faut croire. Si un tel homme sauvage suit l'inclination de sa raison, il est certain (*certissime est tenendum*) que Dieu lui fait connaître le contenu de la foi nécessaire[2].

1. *De veritate* q. 14, art. 11 ad 1, éd. cit., p. 471, lin. 184-197 : « Ad primum dicendum quod non sequitur inconveniens posito quod quilibet teneatur aliquid explicite credere etiam si in silvis vel inter bruta animalia nutriatur : hoc enim ad divinam providentiam pertinet ut cuilibet provideat de necessariis ad salutem dummodo ex parte eius non impediatur. Si enim aliquis taliter nutritus ductum naturalis rationis sequeretur in appetitu boni et fuga mali, certissime est tenendum, quod ei Deus vel per internam inspirationem revelaret ea quae sunt ad credendum necessaria vel aliquem fidei praedicatorem ad eum diriget, sicut misis Petrum ad Cornelium, Act. X ». Pour la traduction des textes du *De veritate*, j'ai consulté la traduction de ces questions disputées des moines de l'Abbaye Sainte Madelaine au Barroux qui est accessible au *Grand Portail Saint Thomas d'Aquin*.

2. Adriano Oliva a rendu attentif à un texte particulièrement intéressant concernant le sujet du salut des infidèles : « La contemplation des philosophes selon Thomas d'Aquin », *Revue des sciences philosophiques et théologiques* 96, 2012, p. 610-611. En se référant à *ST* I-II, q. 89, art. 6, l'auteur conclut : « On voit bien, dans ce texte, que Thomas pense qu'à l'infidèle qui, tout en ayant le péché originel, s'ordonne de soi ("faciens quod in se est") à la juste fin, Dieu peut offrir la grâce sanctifiante, qui le justifie en lui remettant le péché originel ». Et il ajoute en se référant à *De veritate* q. 14, art. 10, ad 5 : « On ne sera donc pas surpris du fait que Dieu donne sa grâce au sage païen qui agit droitement et bien ("et recte et bene operatur"), autant qu'il le peut, afin qu'il puisse, par la *gratia sanans naturam*, aimer Dieu plus que soi-même d'une manière plus parfaite de celle qu'il peut atteindre par l'exercice, difficile, de ses facultés naturelles. Si l'homme, par les seuls principes de la nature, ne peut pas atteindre sa fin, sans la grâce de la foi, cependant "à la place de tout ce que la nature a donné aux autres animaux, à l'homme a été donnée la raison, par laquelle il peut se procurer ce qui est nécessaire à sa vie ici-bas et se disposer à recevoir de Dieu (*divinitus*) les aides pour la vie future" ».

REMARQUES CONCLUSIVES

Plusieurs remarques s'imposent ici : que Thomas parle d'un homme élevé par des loups n'est pas fortuit, car il présuppose qu'au temps des apôtres l'évangile a été annoncé au monde entier. L'*homo silvestris* est donc pour lui un cas limite, une exception hypothétique. Pour cette raison, Thomas insiste sur le fait qu'il est élevé par des animaux – il est extérieur à la tradition humaine. La confiance en la divine providence est cependant remarquable. Thomas est en effet convaincu, au moins dans ce texte de sa première période, qu'un tel homme peut être sauvé parce que Dieu lui fait connaître ce qu'il doit croire[1]. L'originalité de la solution de Dante[2] apparaît si nous l'interprétons à partir des textes de Thomas. Je voudrais signaler trois points particulièrement significatifs :

1. Dans un certain sens, on peut dire que Dante accentue les oppositions que l'on rencontre dans la doctrine thomiste. Il insiste plus que Thomas sur l'*antinomie* entre la raison humaine et la volonté divine. Le cas de l'Indien dont il est question dans le chant XIX du *Paradis* est censé montrer que nul ne sera sauvé s'il ne croit pas[3]. Dante souligne

---

1. Il me semble que Thomas a évolué sur ce point. Il vaudrait la peine de préciser ce point.

2. Sur la fortune du chant IV de l'*Enfer*, chez les commentateurs, notamment chez Boccace et Pétrarque, voir l'intéressante étude de Th. Ricklin, « Il "nobile castello" dantesco e le riappropriazioni delle tradizioni filosofiche antiche », *in* A. Palazzo (ed.), *L'antichità classica nel pensiero medievale*, *op. cit.*, p. 279-306.

3. À vrai dire, Dante explicite simplement ce qui est dit *Act.* 4, 10-12 : « Notum sit omnibus vobis et omni plebi Israhel, quia in nomine Iesu Christi Nazareni, quem vos crucifixistis, quem Deus suscitavit a mortuis, in hoc iste adstat coram vobis sanus. Hic est lapis qui reprobatus est a vobis aedificantibus qui factus est in caput anguli et non est in alio aliquo salus nec enim nomen aliud est sub caelo datum hominibus in quo oportet nos salvos fieri ».

cette vérité mais en même temps il suggère au lecteur qu'il s'agit d'une doctrine choquante pour la raison, que la raison humaine ne peut que difficilement accepter cette doctrine. Il met donc en évidence l'opposition entre la thèse théologique et la logique humaine. Ce faisant, il révèle une *aporie de la doctrine chrétienne*[1], je veux parler de la tension entre l'universalité du salut et l'impossibilité historique de ce projet divin : le salut est offert à tous les hommes, mais il est impossible que tous soient sauvés car une partie importante de l'humanité se trouve dans l'impossibilité de réaliser le projet divin de salut. La figure de Virgile est le symbole éloquent de cette *aporie tragique* que Dante met en avant en exprimant, sous forme de question, les objections de la raison à ce théologoumène[2].

1. Je partage sur ce point entièrement l'appréciation de P. von Moos (*Heiden*, p. 3) : après avoir évoqué l'opposition entre la position rigoriste de certains théologiens qui s'inspirent notamment de *Jean* 3, 5 (« Respondit Jesus : Amen, amen dico tibi, nisi quis renatus fuerit ex aqua, et Spiritu Sancto, non potest introire in regnum Dei. »), *Jean* 3, 18 (« Qui credit in eum, non judicatur ; qui autem non credit, jam judicatus est : quia non credit in nomine unigeniti Filii Dei. »), et *Matthieu* 22, 14 (« Multi enim sunt vocati, pauci vero electi. ») ; et la position de ceux qui se réfèrent à I *Timothée* 2, 4 où il est dit que Dieu veut que tous les hommes soient sauvés (Dieu « qui omnes homines vult salvos fieri, et ad agnitionem veritatis venire »), il conclut que cela révèle une aporie fondamentale du christianisme. J'avais moi-même formulé, il y a un certain temps, le problème comme suit (« De salute Aristotelis. Fussnote zu einem scheinbar nebensächlichen Thema », in *Contemplata aliis tradere. Studien zum Verhältnis von Literatur und Spiritualität*, éd. C. Brinker, U. Herzog, N. Largier, P. Michel, Bern, Berlin, Peter Lang, 1995, p. 172-173) : la question du salut d'Aristote révèle une aporie du christianisme, à savoir l'opposition entre l'offre du salut universel et l'impossibilité historique de la réalisation de cette offre.

2. Il convient ici de préciser la notion aristotélicienne (et d'abord socratique) de l'aporie. Alors que dans les dialogues platoniciens l'aporie désigne d'abord une difficulté, « une voie sans issue » des partenaires de la discussion, donc d'abord une situation spécifique d'un individu,

2. Le *nobile castello* dont il est question au IVe chant de l'*Enfer* est une tentative originale de répondre à ce problème difficile. De quoi s'agit-il ? Ce noble château est le lieu où séjournent les grands esprits de l'Antiquité et de l'Islam[1]. De manière très originale Dante a transformé la doctrine traditionnelle du *limbus patrum* et du *limbus puerorum*[2]. Selon une ancienne tradition théologique, les prophètes et les patriarches de l'Ancien Testament attendaient la descente aux enfers du Christ dans un lieu particulier de l'Au-delà, précisément les limbes. D'autre part, les théologiens avaient inventé un lieu propre dans l'Au-delà pour les enfants morts sans être baptisés. En s'inspirant de ces éléments de la tradition théologique, Dante a conçu un lieu de séjour propre pour les poètes et les philosophes de l'Antiquité, un lieu qui ne peut être identifié ni avec l'Enfer ni avec le Purgatoire ou le Paradis. À mon avis, cette doctrine originale de Dante est une réponse à l'aporie scandaleuse dont j'ai parlé. Il ne pouvait contredire la théorie orthodoxe selon laquelle on ne peut être sauvé sans la foi mais en même temps, il ne pouvait

---

chez Aristote (surtout *Métaphysique* III) il s'agit plutôt d'une difficulté objective. Pour Aristote, l'articulation de ces difficultés réelles qui sont exprimées par l'aporie fait partie de la démarche philosophique : le *diaporein* est un moment vers la solution (*lysis*) du problème posé (*euporia*). *Cf.* P. Aubenque, « Sur la notion aristotélicienne d'aporie », dans *Problèmes aristotéliciens I, Philosophie théorique*, Paris, Vrin, 2009, p. 39-52. Thomas d'Aquin a remarquablement expliqué pourquoi l'exploration des doutes (apories) représente un moment *indispensable* sur le chemin de la verité : *In Metaphysicam* III, lectio 1, n. 339-340, éd. Cathala-Spiazzi, Taurini, Roma, 1964.

1. Notons la présence dans le groupe des personnes du premier cercle de trois musulmans : Saladin (v. 129), Avicenne (v. 143) et Averroès (v. 143).

2. Sur ce sujet voir l'explication p. 126 de ce volume.

accepter l'idée que les plus grands esprits de l'humanité soient éternellement damnés. Il fallait donc prévoir un espace intermédiaire pour cette catégorie d'hommes incroyants mais dénué de fautes. Une clairvoyance remarquable a permis à Dante *d'identifier* et de désigner une des difficultés intrinsèques du Christianisme et il a fait preuve d'une étonnante audace en proposant une solution au moins partielle à ce problème.

3. Dante ne s'est pas contenté de formuler une aporie et de proposer dans le cadre de l'orthodoxie une solution ; il a, en outre, admis trois exceptions à la loi stricte selon laquelle personne ne peut être sauvé sans la foi. Dans le XXe chant du *Paradis*, nous rencontrons parmi les bons princes deux païens, à savoir l'empereur Trajan et le troyen Riphée[1]. Il est significatif que deux hommes politiques aient pu être sauvés. La troisième exception est la plus importante : Caton d'Utique qui s'est donné la mort en 46 pour ne pas se soumettre à César, est devenu chez Dante le gardien du

---

1. Sur ce chant voir notamment : A. Pézard, « Riphée ou la naissance d'un mythe », *Revue des études italiennes* XXV (1979), p. 5-40 ; M. Picone, « La "viva speranza" di Dante e il problema della salvezza dei pagani virtuosi. Una lettura di "Paradiso 20", *Quaderni di Italianistica* X, 1989, p. 251-268 ; J. A. Scott, « Dante, Boezio e lenigma di Rifeo (Par. XX) », *Studi Danteschi* LXI, 1989, p. 187-192 ; G. A. Camerino, « Paradiso XX », *L'Alighieri. Rassegna bibliografica dantesca* 36, 1995, p. 47-60 ; Ch. Trottmann, « Communion des saints et jugement dernier : dans les chants XIX-XX du "Paradis" », dans B. Pinchard (dir.), *Pour Dante. Dante et l'apocalypse : lectures humanistes de Dante*, Paris, Champion, 2001, p. 181-198 ; M. Picone, « Canto XX », in *Lectura Dantis Turicensis* Paradiso, Firenze, F. Cesati, 2002, p. 307-324 ; A. M. Chiavacci Leonardi, « La salvezza degli infedeli : il canto XX del "Paradiso" », in *Le bianche stole. Saggi sul "Paradiso" di Dante*, Firenze, Sismel, 2010, p. 97-112.

Purgatoire[1]. Il est stupéfiant que Caton est sauvé pour avoir sacrifié sa vie à la liberté : il a préféré mourir plutôt que de perdre la liberté[2].

1. Sur Caton chez Dante *cf.* J. A. Scott, « Cato : a Pagan Suicide in "Purgatory" », in *Dante's Political Purgatory*, Philadelphia, University of Pennsylvania Press, 1996, p. 69-84 ; R. Hollander, « Ancora sul Catone dantesco », *Studi danteschi* LXXV, 2010, p. 187-204 ; D. Carron, « Les suicides de Caton », art. cit. – et surtout sa thèse de doctorat encore inédite, déjà citée (Paris-Sorbonne 2010).

2. Cf. *Purg.*, I, 70-75, Berthier, p. 349. Dans ce passage Virgile dit de Dante qu'il cherche la liberté comme Caton : « Maintenant qu'il te plaise d'agréer sa venue : / il va cherchant la liberté qui est si chère, / comme le sait qui pour elle refuse la vie. » Voir aussi *Conv.*, IV, v, 16 et IV, xxviii, 15, Fioravanti, p. 794 : « E quale uomo terreno più degno fu di significare Dio che Catone ? Certo nullo ». Dans la *Monarchia* l'éloge de ce héros de la liberté n'est pas moins significatif : « alter (Cato), ut mundo libertatis amores accenderet, quanti libertas esset, dum e vita liber decedere maluit quam sine libertate manere in illa » (*Mon.*, II, v, 15, Quaglioni, p. 1120). Faut-il dès lors s'étonner que Beatrice dit, *Par.*, V, 19-24, Inglese, p. 82, que la liberté est le plus grand don de Dieu ? (« Lo maggior don che Dio per sua larghezza / fesse creando, e a la sua bontate / più conformato, e quel ch'e' più apprezza, / fu de la volontà la libertate ; / di che le creature intelligenti, e tutte e sole, fuoro e son dotate »).

ORIGINE DES TEXTES

Porträt des Dichters als Philosoph. Eine Betrachtung des philosophischen Denkens von Dante Alighieri, Basel, Schwabe Verlag, 2020.
© 2020 Direktorium der Jakob Burckhardt-Gespräche auf Castelen, Universität Basel, und Schwabe Verlag, Schwabe Verlagsgruppe AG, Basel, Schweiz.

« La gracieuse lumière de la raison. Variations et portée de l'argumentation philosophique chez Dante », *Revue des études dantesques* 1, Classiques Garnier, 2017, p. 27-48.

« Quelques remarques sur Dante et la tradition philosophique » dans *Regards sur les traditions philosophiques*, sous la direction de D. Calma et Z. Kaluza, Leuven, Leuven University Press, 2017, p. 153-176.

« Où est cette justice qui le condamne ? Notule sur le sort des païens chez Dante et Thomas d'Aquin », *Revue des sciences religieuses* 89, 2015, p. 3-23.

Tous les textes ont été révisés, adaptés et complétés pour cette édition.

BIBLIOGRAPHIE

ARDIZZONE Maria Luisa (ed.), *Dante as Political Theorist. Reading* Monarchia, Cambridge, Cambridge Scholars Publishing, 2018.

ARISTOTE *L'Éthique à Nicomaque*, trad. fr. R.-A. Gauthier, J.-Y. Jolif, 2 vol., Louvain-Paris, Publications Universtaires de Louvain-Béatrice Nauwelaerts, 1970.

ASCOLI Albert Russell, *Dante and the Making of a Modern Author*, Cambridge, Cambridge University Press, 2008.

AUBENQUE Pierre, « Sur la notion aristotélicienne d'aporie », dans *Problèmes aristotéliciens I, Philosophie théorique*, Paris, Vrin, 2009, p. 39-52.

AUERBACH Erich, *Dante als Dichter der irdischen Welt*. Mit einem Nachwort von Kurt Flasch, Berlin, Walter de Gruyter, 2001.

BARANSKI Zygmunt G., *Dante e i segni. Saggi per una storia intellettuale di Dante Alighieri*, Napoli, Liguori, 2000.

– « Dante poeta e lector : poesia e riflessione tecnica », *Critica del testo* 14, 2011, p. 81-110.

BARTUSCHAT Johannes, ROBIGLIO Andrea (ed.), *Il "Convivio" di Dante*, Ravenna, Longo Editore, 2015.

BECKMANN Jan Peter, « Ontologisches Prinzip oder methodologische Maxime ? Ockham und der Ökonomiegedanke einst und jetzt », *in* W. Vossenkuhl, R. Schönberger (ed.), *Die Gegenwart Ockhams*, Weinheim, Acta Humaniora, 1990, p. 191-207.

BERTELLONI Francisco, « Contexto, consequencias y fuentes de la doctrina dantesca "*homo est medium*" (*Monarchia* III, xv) », *Patristica et mediaevalia* 13, 1993, p. 3-21.

BIANCHI Luca, « "*Noli comedere panem philosophorum inutiliter*". Dante Alighieri and John of Jandun on Philosophical "Bread"», *Tijdschrift voor Filosofie* 75, 2013, p. 335-355.

BOTTAGISIO Tito, *Il limbo dantesco : studi filosofici e letterari*, Padova, Editore Antoniana, 1898.

BOYDE Patrick, *Dante Philomythes and Philosopher : Man in the Cosmos*, Cambridge, Cambridge University Press, 1981.

– *L'uomo nel cosmo. Filosofia della natura e poesia in Dante*, Bologna, Il Mulino, 1984.

CAMERINO Giuseppe Antonio, « Paradiso XX », *L'Alighieri. Rassegna bibliografica dantesca* 36, 1995, p. 47-60.

CAPÉRAN Louis, *Le problème du salut des infidèles*, 2 vol., nouvelle édition, Toulouse, Grand Séminaire, 1934.

CAPITANI Ovidio, *Chiose minime dantesche*, Bologna, Pàtron, 1983.

CARRON Delphine, *Le héros de la liberté. Les aventures philosophiques de Caton au Moyen Âge latin, de Paul Diacre à Dante*, Thèse de doctorat, Paris IV, 2010.

– « Les suicides de Caton. Légendes médiévales autour de la mort d'un stoïcien médiéval », *Micrologus* XXI, 2013, p. 81-102.

CHENEVAL Francis, *Die Rezeption der "Monarchia" Dantes bis zur Editio Princeps im Jahre 1559. Metamorphosen eines philosophischen Werkes*, München, Wilhelm Fink, 1995.

– « Dante Alighieri, *Convivio* », *in* K. Flasch (ed.), *Interpretationen. Hauptwerke der Philosophie. Mittelalter*, Stuttgart, Reclam, 1998, p. 352-379.

CHIAVACCI LEONARDI Anna Maria, *Le bianche stole. Saggi sul "Paradiso" di Dante*, Firenze, Sismel, 2010.

CORTI Maria, *Dante a un nuovo crocevia*, Firenze, Le Lettere, 1982.

– *La felicità mentale. Nuove prospettive per Cavalcanti e Dante*, Torino, Einaudi, 1983.

DAGUET François, « Le salut des non-chrétiens : un cas d'herméneutique du dogme », *Revue Thomiste* 110, 2010, p. 73-111.

DAIBER Hans, « Raimundus Lullus in der Auseinandersetzung mit dem Islam. Eine philosophiegeschichtliche Analyse des "Liber disputationis Raimundi et Homeri Saraceni" », *in* M. Lutz-Bachmann, A. Fidora, *Juden, Christen und Muslime. Religionsdialoge im Mittelalter*, Darmstadt, WBG, 2004, p. 136-172.

DINZELBACHER Peter, *Unglaube im « Zeitalter des Glaubens » : Atheismus und Skeptizismus im Mittelalter*, Badenweiler, Bachmann, 2009.

DRONKE Peter, *Dante's Second Love. The Originality and the Context of the "Convivio"*, London, Routledge, 1997.

Enciclopedia dantesca, Roma, Istituto dell'Enciclopedia Italiana, 1970-1978.

FALZONE Paolo, *Desiderio della scienza e desiderio di Dio nel "Convivio" di Dante*, Bologna, Il Mulino, 2010.

FIDORA Alexander, « Ramon Llull – Universaler Heilswille und universale Vernunft », *in* M. Lutz-Bachmann, A. Fidora, *Juden, Christen und Muslime, Religionsdialoge im Mittelalter*, Darmstadt, WBG, 2004, p. 119-135.

FIORAVANTI Gianfranco, « Dante e Alberto Magno », *in* A. Ghisalberti (ed.), *Il pensiero filosofico e telogico di Dante*, Milano, Vita e pensiero, 2001, p. 93-102.

FLASCH Kurt, *Einladung, Dante zu lesen*, Frankfurt, Fischer, 2011.

FOSTER Kenelm, *The Two Dantes and Other Studies*, Los Angeles, University of California Press, 1977.

GAGLIARDI Antonio, *Ulisse e Sigieri di Brabante. Richerche su Dante*, Catanzaro, Pullano, 1992.

– *La commedia divina di Dante. Tra Averroè e Cristo*, Soveria Mannelli, Rubbettino, 2014.

GAUTHIER René-Antoine, « Notes sur Siger de Brabant. II, Siger en 1272-1275 : Aubry de Reims et la session des Normands », *Revue des sciences philosophiques et théologiques* 68, 1984, p. 3-48.

GAWLICK Günter, GÖRLER Woldemar, « Cicero », *in* H. Flashar (ed.), *Die hellenistische Philosophie*, Philosophie der Antike 4/2, Basel, Schwabe, 1994, p. 991-1168.

GHISALBERTI Alessandro (ed.), *Il pensiero filosofico e teologico di Dante*, Milano, Vita e pensiero, 2001.

GILSON Étienne, *Dante et la philosophie*, Paris, Vrin, 1939.

– « Dante's Notion of a Shade : Purgatorio XXV », *Mediaeval Studies* 29, 1967, p. 124-142.

GREGORY Tullio, *Sapientia mundana*, Roma, Storia e letteratura, 1992.

GRELLARD Christophe, *De la certitude volontaire. Débats nominalistes sur la foi à la fin du Moyen Âge*, Paris, Publications de la Sorbonne, 2014.

– *La possiblità dell'errore. Pensare la tolleranza nel medioevo*, Canterano, Aracne, 2020.

HOLLANDER Robert, « Ancora sul Catone dantesco », *Studi danteschi* 75, 2010, p. 187-204.

HISSETTE Roland, *Enquête sur les 219 articles condamnés à Paris le 7 mars 1277*, Louvain-Paris, Publications universitaires-Vander-Oyez, 1977.

HÜBENER W., « Occam's Razor not Mysterious », *Archiv für Geschichte der Philosophie* 27, 1983, p. 73-92.

IMBACH Ruedi, *Laien in der Philosophie des Mittelalters. Hinweise zu einem vernachlässigten Thema*, Amsterdam, B.R. Grüner, 1989.

– « Einführungen in die Philosophie aus dem XIII. Jahrhundert. Marginalien, Materialien und Hinweise im Zusammenhang mit einer Studie von Claude Lafleur », *Freiburger Zeitschrift für Philosophie und Theologie* 38, 1991, p. 471-493.

– « Aristoteles in der Hölle. Eine anonyme Questio "utrum Aristoteles sit salvatus" im cod. Vat. lat. 1012 (127ra-127va). Zum Jenseitsschicksal des Stagiriten », in *Peregrina*

Curiositas, eine Reise durch den orbis antiquus zu Ehren von Dirk van Damme, éd. A. Kessler, Th. Ricklin, G. Wurst, Freiburg-Göttingen, Universitätsverlag, Vandenhoeck & Ruprecht, 1994, p. 297-318.

– « De salute Aristotelis. Fussnote zu einem scheinbar nebensächlichen Thema », in *Contemplata aliis tradere. Studien zum Verhältnis von Literatur und Spiritualität*, éd. Cl. Brinker, U. Herzog, N. Largier, P. Michel, Bern, Berlin, Peter Lang, 1995, p. 157-173.

– *Dante, la philosophie et les laïcs*, Paris, Le Cerf, 1996.

— MASPOLI Silvia, « Philosophische Lehrgespräche in Dantes *Commedia* », in K. Jacobi (ed.), *Gespräche lesen. Philosophische Dialoge im Mittelalter*, Tübingen, Gunter Narr, 1999, p. 291-321.

— ATUCHA Inigo, *Amours plurielles. Doctrines médiévales du rapport amoureux de Bernard de Clairvaux à Boccace*, Paris, Seuil, 2006.

— OLIVA Adriano, *La philosophie de Thomas d'Aquin*, Paris, Vrin, 2009.

— KÖNIG-PRALONG Catherine, *Le défi laïque*, Paris, Vrin, 2013.

– « Ein anderer Dante », in *Dante Alighieri : Philosophische Werke in einem Band*, hg. und mit einer neuen Einleitung von Ruedi Imbach, Hamburg, Meiner, 2015, p. VII-XXXVIII.

– « *De aqua* : Philosophische und theologische Diskussionen über das Wasser im Mittelalter », in G. Huber-Rebenich, Ch. Rohr, M. Stolz (ed.), *Wasser in der mittelalterlichen Kultur, Water in Medieval Culture*, Berlin, de Gruyter, 2017, p. 17-35.

– « *Pax universalis – tranquillitas civitatis*. Die politische und philosophische Bedeutung des Friedensgedankens bei Augustin, Dante und Marsilius von Padua », in G. Althoff, E.-B. Krems, Ch. Meier, H.-U. Thamer (ed.), *Frieden. Theorien, Bilder, Strategien. Von der Antike bis zur Gegenwart*, Dresden, Sandstein, 2019, p. 124-144.

– « "Aus Liebe zur Wahrheit". Zur Bedeutung der Dante zugeschriebenen *Abhandlung über das Wasser* », *Deutsches Dante-Jahrbuch* 95, 2020, p. 22-37.

IANUCCI Amilcare A., « Limbo : The Emptiness of Time », *Studi danteschi* 52, 1981, p. 69-128.

JACOFF Rachel (ed.), *The Cambridge Companion to Dante*, Cambridge, Cambridge University Press, 1993.

JOLIVET Jean, « Doctrines et figures de philosophes », *in* R. Thomas, *Petrus Abaelardus, Person, Werk und Wirkung*, Trier, Paulinus Verlag, 1980, p. 103-120.

KAISER Christian, *Epikur im lateinischen Mittelalter*, Turnhout, Brepols, 2019.

KALUZA Zénon, « Le *De universali reali* de Jean de Maisonneuve et les *epicuri litterales* », *Freiburger Zeitschrift für Philosophie und Theologie* 33 (1986), p. 469-516.

KANT Emmanuel, *Critique de la raison pure*, trad. fr. A. Tremesaygues, B. Pacaud, Paris, Alcan, 1905.

KÖNIG-PRALONG Catherine, « Situation et fonctions sociales du croire dans la scolastique médiévale. Godefroid de Fontaines contre Henri de Gand », dans P. Gisel, S. Margel, (éd.), *Le croire au cœur des sociétés et des cultures. Différences et déplacements*, Turnhout, Brepols, 2011, p. 81-103.

– « L'introduction à la philosophie d'Aubry de Reims : présentation et traduction », *Revue de théologie et philosophie* 144, 2012, p. 97-117 ; 147, 2015, p. 325-343.

La condamnation parisienne de 1277, éd. et trad. fr. D. Piché et Cl. Lafleur, Paris, Vrin, 1999.

LIBERA Alain de, BRENET Jean-Baptiste, ROSIER-CATACH Irène (éd.), *Dante et l'averroïsme*, Paris, Les Belles Lettres, 2019.

LULLE Raymond, *Le livre du gentil et des trois sages*, trad. fr. D. de Courcelles, Combas, Les éditions de l'Éclat, 1992.

LAFLEUR Claude, *Quatre introductions à la philosophie au XIIIe siècle : textes critiques et étude historique*, Montréal-Paris, Vrin, 1988.

LAFLEUR Claude, CARRIER Jeanne (éd.), *L'enseignement de la philosophie au XIIIᵉ siècle. Autour du "Guide de l'étudiant"*, Turnhout, Brepols, 1997.

LARRE David (éd.), *Nicolas de Cues, penseur et artisan de l'unité*, Lyon, ENS éditions, 2005.

LE GOFF Jacques, *Un autre Moyen Âge*, Paris, Gallimard, 2006.

MACCARONE Michele, « Il terzo libro della "*Monarchia*" », *Studi danteschi* 3, 1955, p. 5-142.

MARENBON John, *The philosophy of Peter Abelard*, Cambridge, Cambridge University Press, 1997.

MARMURSZTEJN Elsa, PIRON Silvain, « Duns Scot et la politique. Pouvoir du prince et conversion des juifs », dans *Duns Scot à Paris, 1302-2002*, O. Boulnois, E. Karger, J.-L. Solère, G. Sondag (éd.), Turnhout, Brepols, 2004, p. 21-62.

MATTEI Paul, « *Cum agerem annum aetatis undeuicensimum*. Augustin, l'Hortensius et la Bible en 373 (*Confessions*, III, 4, 7-5 9) », *Vita Latina* 116, 1989, p. 26-36.

MAZZONI Francesco, « Saggio di un nuovo commento alla *Commedia*. Il canto IV dell'*Inferno* », *Studi danteschi* XLII, 1965, p. 29-206.

MERRIL Roberto, SAVIDAN Patrick (éd.), *Du Minimalisme moral. Essais pour Ruwen Ogien*, Paris, Raison Publique, 2018.

MEWS Constant, « Peter Abelard and the Enigma of Dialogue », *in* J. Ch. Laursen, C. J. Nederman (ed.), *Beyond the Persecuting Society. Religious Toleration Before the Enlightenment*, Philadelphia, University of Pennsylvania Press, 1999, p. 25-52.

MICHON Cyrille, « L'assentiment de la foi. Réflexions sur la défininition de l'acte de foi par Thomas d'Aquin », dans L. Jaffro (éd.), *Croit-on comme on veut ? Histoire d'une controverse*, Paris, Vrin, 2013, p. 63-77.

MINIO-PALUELLO Lorenzo, *Luoghi cruciali in Dante. Ultimi saggi, con un inedito su Boezio*, Spoleto, Centro Italiano di Studi sull'alto Medioevo, 1993.

MOORE Edward M., *Studies in Dante*. Vol. 1, *Scripture end Classical Authors in Dante*, Oxford, Clarendon Press, 1896.

MOOS Peter von, *Gesammelte Studien zum Mittelalter*, vol. 1, *Abaelard und Heloise*, Münster, LIT, 2005.

– *Heiden im Himmel. Geschichte einer Aporie zwischen Mittelalter und Früher Neuzeit*, Heidelberg, Winter, 2014.

NARDI Bruno, *Nel mondo di Dante*, Roma, Edizioni di Storia e Letteratura, 1944.

– *Dal "Convivio" alla "Commedia". Sei saggi danteschi*, Roma, Istituto storico italiano per il Medioevo, 1960.

– *Studi di filosofia medievale*, Roma, Storia e Letteratura, 1960.

– *Saggi e note di critica dantesca*, Milano-Napoli, R. Ricciardi, 1966.

– *Saggi di filosofia dantesca*, Firenze, La Nuova Italia, 1967.

– *Dante e la cultura medievale*, Roma-Bari, Laterza, 1983.

NEGRI Silvia, « La Quaestio "De salvatione Aristotelis" di Lamberto di Monte », *in* A. Palazzo, *L'antichità classica nel pensiero medievale*, Porto, FIDEM, 2011, p. 413-440.

NICOLAS DE CUES, *La paix de la foi, suivi de La lettre à Jean de Ségovie*, trad. fr. H. Pasqua, Paris, Téqui, 2008.

OGIEN Ruwen, *L'éthique aujourd'hui. Maximalistes et minimalistes*, Paris, Gallimard 2007.

OHM Thomas, *Die Stellung der Heiden zu Natur und Übernatur nach dem hl. Thomas von Aquin. Eine missionstheoretische Untersuchung*, Münster, Aschendorff, 1927.

O'MEARA John J., *La jeunesse de saint Augustin. Introduction aux* Confessions *de saint Augustin*, Fribourg-Paris, Le Cerf, 1997.

PADOAN Giorgio, « Il limbo dantesco », *Letture classensi* 3, 1970, p. 187-217.

PANELLA Emilio, « Dal bene comune al bene del Comune. I trattati politici di Remigio de' Girolami nella Firenze dei bianchi-neri », *Memorie domenicane*, n.s. XVI, 1985, p. 1-198.

PÉPIN Jean, *Dante et la tradition de l'allégorie*, Paris, Vrin, 1970.

PERLER Dominik, *Zweifel und Gewissheit : skeptische Debatten im Mittelalter*, Frankfurt, Klostermann, 2006.

PERTILE Lino « Il nobile castello, il paradiso terrestre e l'umanesimo dantesco », *Filologia e critica* V, 1980, p. 1-29.

PÉZARD André, « Riphée ou la naissance d'un mythe », *Revue des études italiennes* XXV, 1979, p. 5-40.

PICONE Michelangelo, « La "viva speranza" di Dante e il problema della salvezza dei pagani virtuosi. Una lettura di "Paradiso 20", *Quaderni di Italianistica* X, 1989, p. 251-268.

– « Canto XX », in *Lectura Dantis Turicensis* Paradiso, Firenze, F. Cesati, 2002, p. 307-324.

PIRON Sylvain, « Le poète et le théologien : une rencontre dans le Studium de Santa Croce », *Picenum Seraphicum* 19, 2000, p. 87-134.

POIRIER Jean-Louis, *Ne plus ultra. Dante et le dernier voyage d'Ulysse*, Paris, Les Belles Lettres, 2016.

PORRO Pasquale, « Tra il *Convivio* e la *Commedia* e il "forte dubitare" intorno al desiderio naturale di conoscere le sostanze separate », *Miscellanea Mediaevalia* 35, 2010, p. 631-662.

– « "Avegna che poci, per male camminare compiano la giornata". L'ideale della felicità filosofica e suoi limiti nel *Convivio* dantesco », *Freiburger Zeitschrift für Philosophie und Theologie* 59, 2012, p. 389-406.

RIEDENAUER Markus, « Logik, Rationalität und religiöse Rede nach Nikolaus von Kues », *in* M. Lutz-Bachmann, A. Fidora, *Juden, Christen und Muslime, Religionsdialoge im Mittelalter*, Darmstadt, WBG, 2004, p. 192-220.

ROBERT Aurélien, « Épicure et les épicuriens au Moyen Âge », *Micrologus* XXI, 2013, p. 3-45.

– *Épicure aux Enfers. Hérésie, athéisme et hédonisme au Moyen Âge*, Paris, Fayard, 2021.

RICKLIN Thomas, « L'image d'Albert le Grand et de Thomas d'Aquin chez Dante », *Revue thomiste* 97, 1997, p. 437-458.

– « Théologie et philosophie du *"Convivio"* de Dante Alighieri »,
dans J.-L. Solère et Z. Kaluza (dir.), *La servante et la consolatrice. La philosophie dans ses rapports avec la philosophie
au Moyen Âge*, Paris, Vrin, 2002, p. 129-150.

– « Femme-philosophie et hommes-animaux : essai d'une lecture
satirique de la *Consolatio Philosophiae* de Boèce », dans
A. Galonnier (éd.), *Boèce ou La chaîne des savoirs*, Actes
du colloque international de la Fondation Singer-Polignac,
Paris, 8-12 juin 1999, Louvain, Peeters, 2003, p. 131-146.

– « Il "nobile castello" dantesco e le riappropriazioni delle
tradizioni filsofiche antiche », *in* A. Palazzo (ed.), *L'antichità
classica nel pensiero medievale*, Porto, FIDEM, 2011,
p. 279-306.

RIEDENAUER Markus, « Logik, Rationalität und religiöse Rede
nach Nikolaus von Kues », *in* M. Lutz-Bachmann, A. Fidora,
Juden, Christen und Muslime, Religionsdialoge im Mittelalter,
Darmstadt, WBG, 2004, p. 192-220.

ROSIER-CATACH, Irène, « "Solo all'uomo fu dato parlare". Dante,
gli angeli e gli animali », *Rivista di filosofia neo-scolastica* 98
(2006), p. 435-465.

— IMBACH, Ruedi, « La tour de Babel dans la philosophie du
langage de Dante », *in* P. von Moos (ed.), *Zwischen Babel
und Pfingsten*, Zürich-Berlin, LIT, 2008, p. 183-204.

– « Man as a Speaking and Political Animal. A political reading
of Dante's *De vulgari eloquentia* », *in* S. Fortuna,
M. Gragnolati, J. Trabant (ed.), *Dante's Plurilinguism :
Authority, Vulgarization, Subjectivity*, Oxford, Legenda,
2010, p. 34-51.

– « *Civilitas*. De la famille à l'Empire », dans I. Atucha, D. Calma,
C. König-Pralong, I. Zavattero (éd.), *Mots médiévaux offerts
à Ruedi Imbach*, Porto, FIDEM, 2011, p. 163-174.

SASSO Gennaro, *Dante. L'imperatore e Aristotele*, Roma, Nella
sede dell'Istituto, 2002.

– *Le autobiografie di Dante*, Napoli, Bibliopolis, 2008.

– *Ulisse e il desiderio. Il canto XXVI dell'Inferno*, Roma, Viella,
2011.

SCHMITT Jean-Claude, *Le corps, les rites, les rêves, le temps. Essai d'anthropologie médiévale*, Paris, Gallimard, 2001.

SCHRÖDTER Hermann, « Religion zwischen Diskurs und Gewalt : Diskurstheoretische Elemente bei Nikolaus von Kues », *in* M. Lutz-Bachmann, A. Fidora, *Juden, Christen und Muslime, Religionsdialoge im Mittelalter*, Darmstadt, WBG, 2004, p. 221-238.

SCIUTO Italo, « "La moralitade e bellezza della filosofia". Dante e l'etica medievale », *Studi danteschi* 74, 2009, p. 39-70.

SCOTT John A., *Dante magnanimo, Studi sulla Commedia*, Firenze, Olschki, 1977.

– « Dante, Boezio e lenigma di Rifeo (Par. XX) », *Studi danteschi* 61, 1989, p. 187-192.

– *Dante's Political Purgatory*, Philadelphia, University of Pennsylvania Press, 1996.

– *Understandig Dante*, Notre Dame, University of Notre Dame Press, 2004.

SEIT Stefan « "Dilectio consummatio legis" – Abaelards "Gespräch eines Philosophen, eines Juden und eines Christen" und die Grenzen einer rationalen Gotteslehre », *in* M. Lutz-Bachmann, A. Fidora (ed.), *Juden, Christen und Muslime. Religionsdialoge im Mittelalter*, Darmstadt, WBG, 2004, p. 40-95.

SPICQ Ceslas, « La malice propre du péché d'hérésie », (Piacenza) *Divus Thomas* 32, 1929, p. 143-159.

STABILE Giorgio, *Dante e la filosofia della natura. Percezioni, linguaggi, cosmologie*, Firenze, SISMEL, Edizioni del Galluzzo, 2007.

STIERLE Karlheinz, *Das große Meer des Sinns. Hermenautische Erkundungen in Dantes "Commedia"*, München, Wilhelm Fink, 2007.

SUGRANYES DE FRANCH Ramon, « Le "Livre du Gentil et des trois sages" de Raymond Lulle », dans *Juifs et judaïsme du Languedoc : XIIIe siècle-début du XIVe siècle*, Tolouse, Privat, 1977, p. 319-335.

TAVONI Mirko, *Qualche idea su Dante*, Bologna, Il Mulino, 2015.

TESTARD Maurice, *Augustin et Cicéron*, 2 vol., Paris, Études augustiniennes, 1958.

THOMAS D'AQUIN, BOÈCE DE DACIE, *Sur le bonheur*, textes introduits, traduits et annotés par R. Imbach, I. Fouche, Paris, Vrin, 2005.

TORRELL Jean-Pierre, « Saint Thomas et les non-chrétiens », *Revue Thomiste* 106, 2006, p. 17-49.

TOYNBEE Pigeat Jackson, *Dante Studies and Researches*, London, Methuen, 1902.

TROTTMANN Christian, « Communion des saints et jugement dernier : dans les chants XIX-XX du "Paradis" », dans B. Pinchard (éd.), *Pour Dante. Dante et l'apocalypse : lectures humanistes de Dante*, Paris, Champion, 2001, p. 181-198.

VASOLI Cesare, *Otto saggi per Dante*, Firenze, Le Lettere, 1995.

– « Fonti albertine nel *Convivio* di Dante », *in* Maarten J. F. M. Hoenen, A. de Libera (ed.), *Albertus Magnus und der Albertismus*, Leiden, Brill, 1995, p. 33-49.

WEIJERS Olga, VERGER Jacques (éd.), *Les débuts de l'enseignement universitaire à Paris (1200-1245)*, Turnhout, Brepols, 2014.

WELTECKE Dorethea, *« Der Narr spricht : es ist kein Gott ». Atheismus, Unglauben und Glaubenszweifel vom 12. Jahrhundert bis zur Neuzeit*, Frankfurt, Campus, 2010.

WESTERMANN Hartmut, « Wahrheitssuche im Gespräch. Überlegungen zu Peter Abaelards *Dialogus inter Philosophum, Iudaeum et Christinaum* », *in* K. Jacobi (ed.), *Gespräche lesen. Philosophische Dialoge im Mittelalter*, Tübingen, Gunter Narr, 1999, p. 157-197.

WIELAND Georg, « Das Eigene und das Andere. Theoretische Elemente zum Begriff der Toleranz im hohen und späten Mittelalter », *in* A. Patschovsky, H. Zimmermann (ed.), *Toleranz im Mittelalter*, Sigmaringen, 1998, p. 11-25.

TABLE DES MATIÈRES

Achevé d'imprimer en janvier 2023
sur les presses de
La Manufacture - Imprimeur – 52200 Langres
Tél. : (33) 325 845 892

N° imprimeur : 230011 - Dépôt légal : janvier 2023
Imprimé en France